唐端正 著

荀学探微

中国哲学新思丛书

主编 梁涛

中国人民大学出版社
·北京·

总　序

本套丛书名为"中国哲学新思丛书",意在反映中国哲学的前沿问题和最新成果。作为丛书的主编,本套丛书自然包含了我的一些想法和思考。

2008年完成思孟学派的研究后,我的研究转向了荀子。孟子、荀子乃战国儒学的双峰,但二人的地位和影响却大相径庭。按照传统的说法,孟子经子思、曾子而接续孔子,传尧、舜、禹、汤、文、武、周公以来之道统,而荀子则偏离了这一儒学正统。但我在研究郭店竹简子思遗籍时,注意到子思的思想不仅影响到孟子,而且为荀子所继承,从孔子经子思到孟子、荀子,实际是儒学内部分化的过程。分化固然使儒学的某些方面得到深化,但也使儒学原本丰富的面向变得狭窄。所以,立足儒学的发展与重建,就不应在孟子、荀子谁是正统的问题上争来争去,而应统合孟荀,重建更合理、更符合时代要求的儒学体系。所以,在完成、出版《郭店竹简与思孟学派》一书后,我自然开始关注起荀子的研究。由于这个缘故,本套丛书中有两部关于荀学的著作,分别为唐端正先生的《荀学探微》和刘又铭先生的《一个当代的、大众的儒学——当代新荀学论纲》,这既有我个人的考虑,也说明荀学已成为中国哲学研究中的"显学"。

唐端正先生曾任教于香港中文大学,为唐君毅先生的学生,《荀学探微》所收录的文章多发表于20世纪七八十年代。经过近半个世纪的洗礼,这些成果不仅没有失去学术价值,反而益发显示出其重要性。由于唐先生的文章多发表于香港、台湾的杂志上,内地(大陆)读者检索不易,故我征得唐先生的同意后,将其有关荀学的论述整理成册,再次推荐、介绍给读者。我在梳理前人的荀学研究中,注意到港台地区的荀学研究似乎存在两条线索:一条以牟宗三先生的《荀学大略》为代表,认为荀子代表了儒家的客观精神,但存在"大本不正""大源不足"的问题,其价值在于可以弥补孟子思想之不足。这一看法在劳思光的《新编中国哲学史》、韦政通的《荀子与古代哲学》、蔡仁厚的《孔孟荀哲学》中得到进一步阐发,其最新论述可以台湾政治大学何淑静女士的《孟荀道德实践理论之研究》《荀子再探》为代表。作为牟先生的弟子,何教授在整体继承牟先生观点的基础上,在一些具体问题上有所深化。这条线索影响较大,代表了港台地区荀学研究的主流,故可称之为主线。另一条则以唐君毅先生为代表,不同于牟先生对荀子的贬斥,唐先生认为荀子言性恶,乃是针对道德文化理想而言,是用道德文化理想转化现实之人性,"荀子之所认识者,实较孟子为深切"。唐端正先生则注意到,《荀子·性恶篇》的主题,不只是性恶,还提到善伪。"我们与其说荀子是性恶论者,不如说他是善伪论者。"针对牟先生将荀子的心仅仅理解为认知心，唐端正先生则强调，荀子的心实际具有好善、知善、行善的功能，绝非能简单用认知心来概括。两位唐先生所代表的这条线索，影响虽然无法与前者相比，只能算是辅线，但在我看来，实际更值得关注。近些年我借助出土材料，提出荀子的人性主张实际是性恶心善说，即是对唐端正先生观点的进一步推进。我甚至认为，不断摆脱牟先生所代表的主线的影响，而对两位唐先生所代表的辅线做出继承和发展，可能是今后荀学研究的一个方向。这也是我向学界推荐、介绍唐端正先生旧作的原因和用心所在。

　　刘又铭教授是我研究荀子的同道，也是相识多年的朋友。又铭兄在重孟轻荀的台湾学术界首次提出"新荀学"的主张，一石激起千层浪，引起极大反响。对于又铭兄的观点，我也有一个接受、认识的过程。又铭兄曾在《从"蕴谓"论荀子哲学潜在的性善观》一文中提出，"就深层义蕴而言，荀子的人性论其实仍可归为某一种（异于孟子）类型的性善观"。对此我曾不以为然，批评其没有摆脱传统认识的窠臼，仍是以性善为标准来评判荀子，为此不惜让荀子屈从于性善。现在看来，我之前的认识有误，又铭兄的努力是值得重视和肯定的。我近年提出荀子是性恶心善论者，虽不能说是受又铭兄的影响，但的确反映了自己思想认识上的转变。以往人们为性恶论辩护，主要是与西方基督教相类比，认为基督教可以讲性恶，荀子为何不可以讲性恶？荀子对儒学乃至中国文化的贡献恰恰在于其提出或揭示了性恶。但这种比附忽略了一点，即基督教是在有神论的背景下讲原罪、性恶的，人的罪（恶）正好衬托出神的善，故只有在神的恩典、救赎下，人才能得到拯救。所以，在基督教中，性恶与有神论是自洽的。但在中国文化中，由于理性早熟，人们逐渐放弃了对人格神的信仰，特别是到了荀子这里，天已经被自然化了，所谓"天行有常，不为尧存，不为桀亡"。因此，讲性善，则肯定内在主体性；讲性恶，则突出外在权威、圣王。但在荀子那里，又不承认圣王与常人在人性上有什么差别，认为其同样是性恶的，这样，第一个圣人或圣王是如何出现的便成为无法解释的问题，其理论上是不自洽的。所以，在中国文化的语境下，性恶论是"大本已坏"的判断并没有错，宋儒的错误在于忽略了荀子思想的复杂性，误以为荀子只讲性恶，不讲心善，忽略了荀子同样肯定人有内在道德主体性。为荀子辩护，不必非要肯定性恶的合理性，而应对荀子人性论的复杂性、全面性做出准确的梳理和解读。

又铭兄提倡"新荀学"，特别重视《荀子》这部经典，我则主张"统合孟荀"，提出"新四书"的构想，所以我们对荀子在儒学史上的地位和作用的认识是不同的，但这种分歧并不是截然对立、彼此排斥的。在2017年中国人民大学国学院主办的"统合孟荀与道德重估"的会议上，曾有学者质问我：为什么一定要统合孟荀？难道不可以提倡孟学或荀学吗？我的回答是，当代新儒学的发展当然可以有新孟学、新荀学，但也可以有由统合孟荀而来的新儒学。在儒学的创新上，不妨百花齐放，各展所能，各施所长，至于结果，则留给历史去选择。

李存山先生是我敬重的前辈学者，曾长期负责《中国社会科学》的工作。十余年前，他辞去副总编辑的职务，回到中国社会科学院哲学研究所中哲研究室，专心从事学术研究。记得一次聊天时，李老师曾说：我已经很久没有出版专著了。我知道李老师在精心准备一部大作，而这部著作是关于范仲淹的。当时余英时先生的《朱熹的历史世界》出版不久，引起了学界的普遍关注。李老师写出了《宋学与〈宋论〉——兼评余英时著〈朱熹的历史世界〉》，指出余著忽略了范仲淹对宋初三先生的影响，同时提出，余英时先生把朱熹的时代称为"后王安石时代"并不恰当。与其称之为"后王安石时代"，毋宁称之为"后范仲淹时代"。当时社科院历史研究所有一份内部刊物——《中国思想史研究通讯》，由我具体负责，我将李老师的文章发表后，很快收到余英时先生的回信：

梁涛先生：

收到寄赠《中国思想史研究通讯》第六辑，十分感谢。李存山先生大文兼评拙作，言之有物，持之有故，很感谢他赐教的雅意，乞代为致意为幸。贵刊资讯丰富，对于同行的人是极有帮助的。特写此短札，以略表致谢之忱。

敬问

安好

余英时手上

（二零）零五年九月十九日

以往的宋明理学研究由于受哲学范式的影响，主要关注理气、心性等所谓道体的问题，余英时先生则反其道而行之，认为理学家与以往的儒者一样，真正关心的仍是人间秩序的问题。他提出"内圣外王"连续体的概念,强调理学家不仅关注"内圣",同时也关注"外王",甚至认为"外王"的问题比"内圣"更重要。余先生主张对朱熹的研究要从"思想世界"回到"历史世界",并视之为一场哥白尼式的倒转。但在我看来,似仍有一间之未达,主要是因为余先生采取了历史还原的方法,将"内圣"还原到"外王",认为"内圣"的提出是为了解决"外王"的问题,但二者的关系如何,却往往语焉未详,未能说明理学家关于道体、形上学的讨论与现实政治之关系的问题。其实,宋明理学的主题应是天道性命与礼乐刑政,当时的学者一方面推阐天道性命以寻求礼乐刑政的理论依据,另一方面又锐意名教事业以作为天道性命之落实处,故理学家对道体或天道性命的讨论绝非空穴来风,做无谓的工作,而是从哲学、形上学的角度为现实政治寻找理论依据。对于理学家的思想恐怕要这样解读,今后的理学研究也需要在"思想世界"和"历史世界"之间达到一种平衡。所以,在接到主编本套丛书的任务后,我立即与李存山老师联系,希望将他计划写作的《范仲淹与宋学精神》列入本套丛书。李老师谦称,只完成了几篇文章,编在一起只能算一本小书。但书的"大""小"岂可用字数衡量?李存山老师强调范仲淹的重要性,认为其"明体达用之学"代表了宋学的精神和方向,相信李老师的这本书对今后的宋明理学研究会产生重要的启示和借鉴意义。

杨泽波教授是著名的孟子研究专家,在孟子研究上用力颇深,他的《孟子性善论研究》是改革开放后孟子研究的一部代表性著作。在完成孟子研究后,杨教授转而关注港台新儒家的代表人物牟宗三的哲学，积15年之力，出版了皇皇5大卷、240余万字的《贡献与终结——牟宗三儒学思想研究》，可谓是牟宗三研究的集大成之作。杨教授的新著体大思精，对专业研究者来说，是必读的参考文献，但对一般读者而言，阅读起来则显得不便。故我与杨教授商议，将其著作压缩出一个简写本，这样就有了《走下神坛的牟宗三》一书，它虽只有10余万字，但更为概括、凝练，更便于读者理解杨教授的主要见解和观点。杨泽波教授年长我10余岁，据他讲，当年曾经深受牟宗三的影响，是通过阅读牟先生的著作而走上儒学研究的学术道路的，而他现在的研究则更多地表现出对牟先生思想的反省和检讨。这种情况不仅发生在杨泽波教授身上，同样也存在于我们这些六零后学者身上，可以说反映了内地（大陆）儒学研究的基本趋势：从阅读牟先生等港台新儒家的著作开始接受和理解儒学的基本价值，又从反思牟先生等港台新儒家的学术观点开始尝试建构内地（大陆）新儒学的研究范式。出现这种情况并不奇怪，毕竟内地（大陆）学者与牟先生那一代学者生活在不同的社会环境，故而问题意识、所思所想自然会有所不同。牟先生他们当年生活的港台社会，西风日盛，民族文化花果飘零，故其所要论证的是儒家文化仍然有不过时的恒常价值，这个他们认为是儒家的心性，同时他们深受五四时期科学和民主观念的影响，认为传统儒学的缺陷在于没有发展出科学和民主，所以他们对儒学的思考便集中在"老内圣"如何开出"新外王"、心性如何开出科学和民主的问题上。但这样一来，就在有意无意中将儒学自身的问题和逻辑打乱了。我多次强调，儒学的基本问题是仁与礼的关系问题，这一问题在理学家那里又表现为天道性命与礼乐刑政的问题，今天讨论儒学仍不能回避儒学的这一基本问题，所以我们与其问儒学为什么没有发展出科学和民主，不如问儒家的礼乐刑政为什么没有或如何完成现代转化。发展仁学、改造礼学，才是儒学发展的根本所在。牟先生由于受五四礼教吃人观念的影响，视礼学为儒家过时之糟粕，避之唯恐不及。这样，完整的儒学思想便被砍去一半，所缺的这一半只好用科学和民主来填补。但既然我们不要求基督教、佛教发展出科学和民主，那么为什么一定要求儒学发展出科学和民主？似乎不如此便不具有合法性。这显然是不合理的，也缺乏对儒学这一古老精神传统必要的尊重。而且，引发出另外一个后果：既然可以不顾及儒学的内在理路和逻辑，片面要求其适应所谓的科学和民主，那么反过来也可能促使人们以儒学独立性的名义反对民主，认为完整的儒学与民主恰恰是对立的、不相容的。这在当前学界竟成为一个颇有影响的观点，尤其为许多民间学者所信奉，不能不说与牟先生对儒学的片面理解有关。牟先生对荀子评价不高，对儒家的礼学传统重视不够，其实也反映了这一点。不过，虽然我们与牟先生在对儒学的具体理解上有所不同，但牟先生所强调的儒学需要经历现代转化则无疑是需要予以充分肯定的。2017年我在"牟宗三对中国哲学的贡献与启示"学术研讨会上明确提出"回到牟宗三——大陆新儒学的发展方向"，即是要突出、强调这一点。"回到"不是简单地回归，而是回到追求儒学现代性的起点，以更尊重儒学的基本问题和内在理路的方式探讨儒学的现代转化。这应该是内地（大陆）新儒学既继承于港台新儒学，又不同于港台新儒学的内容和特点所在。牟先生曾自称"一生著述，古今无两"，是当代最具原创性的思想家和儒学大师，他的一些具体观点、主张，我们或许可以不同意，但绝不可以轻易绕过，今后新儒学的发展仍需要充分继承、吸收牟先生的研究成果，并有所突破和发展。杨泽波教授研究牟宗三儒学思想多年，对牟先生的重要学术观点都提出了独到的分析和看法，给出了相对客观的评价，相信他这部新著，对于我们理解、消化牟宗三的儒学思想会产生积极的借鉴作用。

本套丛书收录的《新四书与新儒学》一书，是我近年关于重建新儒学的一些思考，包括新道统、新四书（《论语》《礼记》《孟子》《荀子》），对孟子、荀子人性论的重新诠释，统合孟荀、创新儒学，以及自由儒学的建构，等等。需要说明的是，《新四书与新儒学》一书的内容只是我目前的一些思考，虽然奠定了我今后儒学建构的基本框架，但还有更多问题有待进一步探讨。这些问题不断涌入我的头脑，使我每日都处在紧张的思考中，而要将其梳理清楚，还要补充大量的知识，付出辛勤的劳作。故该书只能算是一个初步的尝试，是我下一本更为系统、严谨的理论著作的预告。由于这个缘故，该书有意收录了一些非正式的学术论文，这些文章或是随笔、笔谈，或是发言的整理稿，对读者而言，不仅通俗易懂，而且观点鲜明，使其可以更直观地理解我目前的思考和想法。

最后，我要感谢中国人民大学出版社学术出版中心杨宗元主任将主编本套丛书的重任交付于我，使我有机会学习、了解中国哲学研究的最新成果和思考。我也要感谢各位责任编辑，由于你们的辛勤付出，本套丛书才得以如此快地呈现给每一位读者。

梁涛

2018年9月27日于世纪城时雨园

目　录

第一章　荀学述要　　　　　　　　　　　　　　　1
第二章　荀学价值根源问题的探讨　　　　　　　　23
第三章　荀子善伪论所展示的知识问题　　　　　　45
第四章　荀子言"心可以知道"释疑　　　　　　　67
第五章　荀子思想散论　　　　　　　　　　　　　79
第六章　检讨儒、法的价值观　　　　　　　　　　100

第一章　荀学述要[*]

荀子之学，自汉以来，备受压抑，至宋明尤甚。及清中叶，虽注者渐多，但由于孟子主性善，荀子主性恶，一般均将孟、荀对立起来，使二家在义理上无法疏通，因而对荀学产生种种误解。近人更有把荀子划入法家，以与儒家对垒者。其事虽荒谬悖理，亦可见近人对荀学误解之深。因此，如何阐明荀学之价值与意义，以重建荀子在儒学中应有之地位，实为当前的一个重要课题。

荀学之基本性格是要弘扬人道，宣扬天生人成的观念。中国文化自周初人文精神兴起以来，人在宇宙间的地位即不断提高。首先是孔子指出仁是我们生命的高贵本质，也是一切价值理想的泉源。孟子进一步讲性善，言仁义礼智根于心，人有可以为善的先天根据。到了荀子，便说"天地生之，圣人成之"（《富国篇》），"天能生物，不能辨物也；地能载人，不能治人也；宇中万物，生人之属，待圣人然后分也"（《礼论篇》）。这便明确地把人提升为三才之一，与天、地并列。孟子着重树立

---

[*] 原载《先秦诸子论丛（续编）》，台北，东大图书公司，1983。

理想，荀子着重把理想化为现实。因此，由孔子而孟子，由孟子而荀子，彼此相辅相成，实为儒学应有之发展。

荀子天生人成的思想，首先要明于天人之分、性伪之分。其目的是要人敬其在己者而不慕其在天者，要人"伏术为学""思索孰察"（《性恶篇》），而不徒恃生之所以然之性。

《天论篇》名义上是讲天，实则是讲人。荀子把天分为能生之本体与所生之自然。能生之本体可使列星随旋、日月递照、四时代御、阴阳大化、风雨博施，更能使万物各得其和以生，各得其养以成。然而我们却只见其功而不见其事，只知其所以生而莫知其无形。因为天职是不为而成、不求而得、神化莫测、不可捉摸的。因此，吾人之智虑虽深，能力虽大，明察虽精，亦不以之加于天道。这便叫作不求知天。

然而，能生之本体如何产生列星、日月、四时、阴阳、风雨、万物等自然现象虽不可知，但既生这些自然现象，这些自然现象便可以为我们所知。人便应当记识这些自然现象之可以期必，可以生息，可以从事，可以为治者，将其应用于人事之上。这些自然现象有其运行的规律，所谓"天行有常，不为尧存，不为桀亡"，"天不为人之恶寒也辍冬，地不为人之恶辽远也辍广"，故人只要能尽其在我，敬其在己，便可以将吉凶祸福操在自己手上，"水旱不能使之饥，寒暑不能使之疾，妖怪不能使之凶"（《天论篇》）。这便叫作知天。

《天论篇》一面要我们知天，一面要我们不求知天。要知的天，是指可以应用于人事上的自然现象；不求知的天，是指不为而成、不求而得的能生之本体。《天论篇》的主旨就是要我们分清楚要求知的天和不要求知的天，要我们明于天人之分。明于天人之分的目的，是要我们注重人道之所宜。故星坠木鸣等天地之变并不可畏，人妖才是可畏的。所谓人妖就是指因为人事不齐而导致的政令不明、举措不时、本事不理、礼义不修、内外无别、男女淫乱、父子相疑、上下乖离、寇难并至、籴贵民饥、路有死人等。荀子认为一切吉凶祸福、安危治乱全系于人事，而无关于天道，故曰："不可以怨天，其道然也。"（《天论篇》）

至于荀子之所以要反对孟子之性善论，其中一个重要的理由，是以为一旦主张性善，说人天生就是善的，便不必化师法、积文学、道礼义，不再需要后天人事上的努力。所以他说："性善则去圣王，息礼义矣；性恶则与圣王，贵礼义矣。"（《性恶篇》）荀子的这些看法，当然都是对孟子的误解，因为孟子并没有说性善则去圣王。相反，孟子说性善，从四端指出人有欲善与可以为善的先天根据，正是要人知道人皆可以为尧、舜，有为者亦若是，而勉力为善。不过，荀子对孟子有所误解是一回事，荀子要人在生之所以然的本始材朴之上"伏术为学，专心一志，思索孰察，加日县久，积善而不息"（《性恶篇》），则与孟子并无二致。荀子认为人在生之所以然之性中，不但有好利恶害、好荣恶辱之性，而且也有欲为善，好礼义、辞让、忠信之性，有可以知仁义法正之质，有可以能仁义法正之具。人有这些好善的主观愿望与可以为善的主观能力，孟子便因此而说性善。但荀子认为只有主观的愿望和能力，并不能保证善的实现。荀子所谓善，是就正理平治而言，是就善在客观上、现实中的实现而言。故此，人徒有主观的善的愿望，不独不可称之为善，反足以证明人性是恶的。故曰："凡人之欲为善者，为性恶也。"（《性恶篇》）同样，人若只有可以为善的能力，也不能因此说性善，因为由可能变为现实，仍要有许多人事上的努力。荀子虽然说"人生而有知""心生而有知"（《解蔽篇》），"涂之人也，皆有可以知仁义法正之质，皆有可以能仁义法正之具"（《性恶篇》），但可以并不一定可能。要用人可以为善的能力，把为善的愿望化为现实，便要学至全尽，知类明统，兼陈万物而中悬衡，使心之所可中理合道，然后循理直道，勉力从事，才能把潜能化为现实。所以荀子说：

"圣可积而致，然而皆不可积，何也？"曰："可以而不可使也。故小人可以为君子而不肯为君子，君子可以为小人而不肯为小人。小人、君子者，未尝不可以相为也，然而不相为者，可以而不可使也。故涂之人可以为禹，则然；涂之人能为禹，未必然也。虽不能为禹，无害可以为禹。足可以遍行天下，然而未尝有能遍行天下者也。夫工匠、农、贾，未尝不可以相为事也，然而未尝能相为事也。用此观之，然则可以为，未必能也；虽不能，无害可以为。然则能不能之与可不可，其不同远矣，其不可以相为明矣。"（《性恶篇》）

荀子有可不可与能不能之分，正如孟子有能不能与为不为之辨。不过孟子除了就四端指点性善外，也就人有良知良能说性善。而荀子所谓善，既然指正理平治而言，则善必须与客观的礼义法度相配合，不能只就见父自然知孝、见兄自然知悌的道德感情而言。主观的道德感情要成为客观的善，必须"伏术为学，专心一志，思索孰察，加日县久，积善而不息"（《性恶篇》）才能达至。因此，他不说性是善的，而只说"其善者伪也"（《性恶篇》）。但不说性善，其实是可以说性无善无不善的。至于荀子把它说成是恶，亦有矫枉过正之处。不过，荀子既然基于天生人成的原则，把善的标准提高，强调后天人为努力的重要，则他在措辞上虽有过当之处，也不该将其提升到纲领上来，和孟子的思想完全对立。但世人读《荀子》，多执着于"性恶"一词，将其与《孟子》对立，这是很可叹惜的。

以上我们从天论与性论的角度说明了荀子对人为的重视。荀子虽重视人为，但并没有否定天或性应有的地位。故虽然圣人不求知生之本之天，但《礼论篇》却要我们对它行祭祀。虽然生之所以然之性不是善的，但善却是性伪合的产物。《礼论篇》云：

> 性者，本始材朴也；伪者，文理隆盛也。无性则伪之无所加，无伪则性不能自美。性伪合，然后圣人之名一，天下之功于是就也。故曰：天地合而万物生，阴阳接而变化起，性伪合而天下治。

荀子分天与人、性与伪，以天与性为本始材朴，以人与伪为文理隆盛。善是天与人、性与伪合的结果。他一面叫人制天命而用之，一面却说天是生之本，要人祭天；一面说性恶，一面却说人有为善的质与具，要性伪合而生礼义。可见荀子对天与性仍保有孔孟的性格。荀子不说天性是善，并不是说天性中没有孔孟所谓的善，而是说没有所谓的人为之善而已。荀子之所以要对善另下定义，目的是要把善提高到圣王的地位，不许以善于禽兽为善，并要加强人道的努力。

荀子言人道，一面要达至群居和一，另一面要学以美其身。前者属于治人之学，后者属于修己之学。兹分论如下：

荀子之学，首重群学。故《非十二子篇》评它嚣、魏牟、陈仲、史䲡、慎到、田骈、惠施、邓析之徒，皆因其"不足以合文通治"，"不足以合大众，明大分"，"不足以容辨异，县君臣"，"不可以经国定分"，"不可以为治纲纪"。他在《王制篇》中认为人"力不若牛，走不若马，而牛马为用"，就是因为"人能群，彼不能群"。而君之所以为君，就是因为他善群。

然而，何以人能群，禽兽不能群呢？荀子认为这是因为人有分、有辨而禽兽则无。所以他说："人何以能群？曰：分。"（《王制篇》）又说："人之所以为人者，非特以二足而无毛也，以其有辨也。"（《非相篇》）

人群共处，要达至和一治平的境地，绝不能没有组织，有组织便绝不能没有分别。"曷谓别？曰：贵贱有等，长幼有差，贫富轻重皆有称者也。"（《礼论篇》）若只是乌合之众，群而无分，则必势不能容，物不能赡，众不相使，必然导致国家贫穷，天下大乱。《荣辱篇》云：

> 夫贵为天子，富有天下，是人情之所同欲也。然则从人之欲则势不能容，物不能赡也。故先王案为之制礼义以分之，使有贵贱之等，长幼之差，知愚、能不能之分，皆使人载其事而各得其宜，然后使悫禄多少厚薄之称，是夫群居和一之道也。

《礼论篇》又云：

> 人生而有欲，欲而不得，则不能无求，求而无度量分界，则不能不争。争则乱，乱则穷。先王恶其乱也，故制礼义以分之，以养人之欲，给人之求，使欲必不穷乎物，物必不屈于欲，两者相持而长，是礼之所起也。

人有欲则生，无欲则死，而且人之情，欲多而不欲寡，若纵人之欲，则必势不能容，物不能赡。若欲而不得，则不能不争。争则乱，乱则穷。故必须制礼义，使贵贱有等，长幼有序，知愚、能不能有别，然后使悫禄多少厚薄称其分，这样才能养人之欲，给人之求，并使欲不穷于物，物不屈于欲，两者相持而长。故群而无分，则物不能赡，这是必须有分的第一个原因。

人群共处，若彼此等齐，毫无差别，君臣不立，上下不分，便无以相制相使，结果亦只有陷于穷乱之境。这是必须有分的第二个原因。故《王制篇》云：

> 分均则不偏，势齐则不壹，众齐则不使。有天有地而上下有差，明王始立而处国有制。夫两贵之不能相事，两贱之不能相使，是天数也。势位齐而欲恶同，物不能赡则必争，争则必乱，乱则穷矣。先王恶其乱也，故制礼义以分之，使有贫富贵贱之等，足以相兼临者，是养天下之本也。

由于民不能兼技，人不能兼官，而一人之身，百工之所为备，故必须分工分职，尽伦尽制，然后才能达至至平的境地。

这是必须有分的第三个原因。故《荣辱篇》云：

> 故仁人在上，则农以力尽田，贾以察尽财，百工以巧尽械器，士大夫以上至于公侯，莫不以仁厚知能尽官职，夫是之谓至平。

《王霸篇》又云：

> 农分田而耕，贾分货而贩，百工分事而劝，士大夫分职而听，建国诸侯之君分土而守，三公总方而议，则天子共己而已！出若入若，天下莫不平均，莫不治辨，是百王之所同也，而礼法之大分也。

《富国篇》又云：

> 兼足天下之道在明分，掩地表亩，刺草殖谷，多粪肥田，是农夫众庶之事也。守时力民，进事长功，和齐百姓，使人不偷，是将率之事也。高者不旱，下者不水，寒暑和节而五谷以时熟，是天下之事也。若夫兼而覆之，兼而爱之，兼而制之，岁虽凶败水旱，使百姓无冻馁之患，则是圣君贤相之事也。

《王制篇》更历述王者序官之法和百官分职之事。由此可知，人群共居，无度量分界则争，无上下之别则乱，无分工分职则穷。故"救患除祸，则莫若明分使群矣"（《富国篇》）。

然则如何才能把辨异显示、表明出来呢？荀子认为"圣王财衍以明辨异"（《君道篇》），故一切富饶及多余的财用，都是财衍。这指重色而成文章，重味而成珍备，以及撞大钟、击鸣鼓、弹琴瑟、吹竽笙、雕琢、刻镂、黼黻、文章、刍豢稻粱、五味芬芳等而言。《富国篇》云：

> 古者先王分割而等异之也，故使或美或恶，或厚或薄，或佚或乐，或劬或劳，非特以为淫泰夸丽之声，将以明仁之文，通仁之顺也。故为之雕琢、刻镂、黼黻、文章，使足以辨贵贱而已，不求其观；为之钟鼓、管磬、琴瑟、竽笙，使足以辨吉凶，合欢定和而已，不求其余；为之宫室台榭，使足以避燥湿，养德辨轻重而已，不求其外。

分异固然要有美恶、厚薄、劳逸等客观的表现，但分异还是为了群居和一，明分达治而保万世，并不是为了华美与享乐，故曰"不求其观""不求其余""不求其外"。然而，分异究竟是依什么原则和标准产生的呢？《王制篇》云：

> 人何以能群？曰：分。分何以能行？曰：义。故义以分则和，和则一，一则多力，多力则强，强则胜物，故宫室可得而居也。故序四时，裁万物，兼利天下，无它故焉，得之分义也。

人群共处必须要有分辨，但在人类历史中，许多社会阶级的划分都是依强权而不是本于道义的，荀子却要用义来分。荀子所建构的礼治社会，好像存在着许多不平等的现象。例如他规定"天子袾裷衣冕，诸侯玄裷衣冕，大夫裨冕，士皮弁服"（《富国篇》）。"天子棺椁十重，诸侯五重，大夫三重，士再重……天子之丧动四海，属诸侯；诸侯之丧动通国，属大夫；大夫之丧动一国，属修士；修士之丧动一乡，属朋友；庶人之丧合族党，动州里。刑余罪人之丧不得合族党，独属妻子，棺椁三寸，衣衾三领，不得饰棺，不得昼行，以昏殣，凡缘而往埋之，反无哭泣之节，无衰麻之服，无亲疏月数之等，各反其平，各复其始，已葬埋，若无丧者而止，夫是之谓至辱。"（《礼论篇》）这在我们今天看来，好像都是很不合理的。然而，类似的差别，在我们今天的社会中，依然普遍存在着。原因是群不能无分，分不能不有赖于物质财用把它彰显出来。不过，荀子的藩饰是为了分辨，分辨本于德义，务求"德必称位，位必称禄，禄必称用……朝无幸位，民无幸生"（《富国篇》）。"虽王公士大夫之子孙也，不能属于礼义，则归之庶人；虽庶人之子孙也，积文学，正身行，能属于礼义，则归之卿相士大夫。"（《王制篇》）可见这些社会上的差等，还是本于正义的。

群必须有分，分必须以义理为质，以财物为文，合质与文，便是礼。故《非相篇》云："人道莫不有辨。辨莫大于分，分莫大于礼，礼莫大于圣王。"《礼论篇》亦云："礼者，以财物为用，以贵贱为文，以多少为异，以隆杀为要。"荀子言礼，就是要通过文饰将一切分别客观化，故常说制礼义以分之。又曰"礼别异"（《乐论篇》），"礼者，节之准也"（《致士篇》）。但礼的一切节制文饰，均要本乎义理，故又曰："礼也者，理之不可易者也。"（《乐论篇》）

荀子言礼，不但笼罩了整个人生的问题，也包括了人死的问题。所以说："礼者，谨于治生死者也。"（《礼论篇》）荀子认为人生的问题，首先便要养给人之欲求。故《礼论篇》开宗明义便说礼起于养人之欲、给人之求。但由于兼足天下之道在明分，不明分不足以达治，不达治不足以富国养民，故要得其养，便要好其别。养和别，在荀子看来是孪生的。像墨子"大俭约而僈差等"（《非十二子篇》），结果只有"尚俭而弥贫，非斗而日争，劳苦顿萃而愈无功，愀然忧戚非乐而日不和"（《富国篇》）。故《君道篇》云：

> 道者何也？曰：君道也。君者何也？曰：能群也。能群也者何也？曰：……善班治人者也，善显设人者也，善藩饰人者也。

所谓"善班治人"，是指"天子三公，诸侯一相，大夫擅官，士保职"（《君道篇》）等分官分职而言。所谓"善显设人"，是指"论德而定次，量能而授官，皆使其人载其事而各得其所宜，上贤使之为三公，次贤使之为诸侯，下贤使之为士大夫"（《君道篇》）等知人善任而言。而所谓"善藩饰人"，是指于以上之分官分职之中，"修冠弁、衣裳、黼黻、文章、雕琢、刻镂皆有等差"（《君道篇》），以表明这些分异而言。所以善班治人、善显设人、善藩饰人三者，都是为了别异。只有明分辨异，才能达至正理平治、富国养民的目的。故曰：

> 故礼者，养也。刍豢稻粱，五味调香，所以养口也；椒兰芬苾，所以养鼻也；雕琢、刻镂、黼黻、文章，所以养目也；钟鼓、管磬、琴瑟、竽笙，所以养耳也；疏房、檖䫉、越席、床笫、几筵，所以养体也。故礼者，养也。君子既得其养，又好其别。（《礼论篇》）

君子论礼，于得其养、好其别之外，又有为了安顿人的愿望和情性者。凡人，生则欢，死则哀，主祭祀则敬，处师旅则威，这些欢、哀、敬、威之情，若只是质而无文，便不足以合文通治，故"凡礼，事生，饰欢也；送死，饰哀也；祭祀，饰敬也；师旅，饰威也。是百王之所同，古今之所一也，未有知其所由来者也"(《礼论篇》)。这些欢、哀、敬、威之情，有些只属于自然情性，有些则完全是孔孟所认为的善的道德感情。如因对死者有志意思慕之情、忠信爱敬之至而行祭礼，因天地为生之本、先祖为类之本、君师为治之本而"上事天，下事地，尊先祖而隆君师"(《礼论篇》)，则完全是为了报本反始、追养继孝、崇德报功。这显然是为了安顿人的道德情性。荀子在丧葬之礼中，要人事死如事生，事亡如事存，亦是为了履行敬始而慎终、始终如一的君子之道。因为生是人之始，死是人之终，终始俱善，然后人道备。若厚其生而薄其死，敬其有知而慢其无知，便是奸人之道、背叛之心。可见荀子论礼，在养给人之欲求与明分达治之外，还触及了人的内心世界和道德宗教的感情，从这些地方去了解，则荀子对人性显然有很深邃的认识，不过荀子认为这些性情，都是要后天人事去成就的，所以才不说人性是善的。

荀子论礼，无论是为了满足人之好荣恶辱、好利恶害之性，还是为了安顿人之志意思慕、忠信爱敬之情，都是站在人道上立言的。《天论篇》云：

> 雩而雨，何也？曰：无何也，犹不雩而雨也。日月食而救之，天旱而雩，卜筮然后决大事，非以为得求也，以文之也。故君子以为文，而百姓以为神。以为文则吉，以

为神则凶也。

《礼论篇》云：

> 祭者，志意思慕之情也，忠信爱敬之至矣，礼节文貌之盛矣，苟非圣人，莫之能知也。圣人明知之，士君子安行之，官人以为守，百姓以成俗。其在君子，以为人道也；其在百姓，以为鬼事也。

对人类的宗教行为，从人道的立场，恰如其分地肯定其价值，既不抹杀主观的情志，又不由主观的情志漫出去肯定客观的鬼神，这是儒家所特有的一种对鬼神的态度。这种态度，荀子表现得最为明确。这使荀子的礼，由治生及于治死，由事存及于事亡，而笼罩了人生文化的全体。故曰："礼者，人道之极也。"（《礼论篇》）

荀子治人之学，大体如上。以下将略论荀子修己之学。

一般人以为荀子只看重外王之学或治人之学，实则于荀子而言，外王与内圣、治人与修己都是一起讲求的。荀子认为学的途径，始乎诵经，终乎读礼，而其目的，则始乎为士，终乎为圣人。

荀子认为生之所以然的天性只是一些本始材朴，若不加上人为的努力，则性不能自美，必学以美其身，然后有以异于禽犊。而荀子所向往的理想人格，则有所谓大人、成人和大儒。

荀子所谓大人，偏于智性而言，是一个能见四海、论久远、知万物、通治乱、经纬天地、制裁自然、智慧圆满、通达无碍的人格。《解蔽篇》云：

> 坐于室而见四海，处于今而论久远，疏观万物而知其情，参稽治乱而通其度，经纬天地而材官万物，制割大理而宇宙里矣。恢恢广广，孰知其极！睾睾广广，孰知其德！涫涫纷纷，孰知其形！明参日月，大满八极，夫是之谓大人。夫恶有蔽矣哉！

荀子所谓成人，则偏于德性而言，是一个由知道而体道、由困知勉行而至能定能应的理想人格。《劝学篇》云：

> 君子知夫不全不粹之不足以为美也，故诵数以贯之，思索以通之，为其人以处之，除其害者以持养之，使目非是无欲见也，使耳非是无欲闻也，使口非是无欲言也，使心非是无欲虑也。及至其致好之也，目好之五色，耳好之五声，口好之五味，心利之有天下。是故权利不能倾也，群众不能移也，天下不能荡也。生乎由是，死乎由是，夫是之谓德操。德操然后能定，能定然后能应，能定能应，夫是之谓成人。

至于荀子所谓大儒，则是仁智兼尽、德慧双修、穷则可以独善其身、达则可以兼善天下的理想人格。荀子认为只有像仲尼、子弓这样的人，才足以当之。《儒效篇》云：

> 彼大儒者，虽隐于穷阎漏屋，无置锥之地，而王公不能与之争名……用百里之地而千里之国莫能与之争胜，笞棰暴国，齐一天下，而莫能倾也。是大儒之征也。其言有类，其行有礼，其举事无悔，其持险应变曲当，与时迁徙，与世偃仰，千举万变，其道一也。是大儒之稽也。其

穷也，俗儒笑之；其通也，英杰化之，嵬琐逃之，邪说畏之，众人愧之。通则一天下，穷则独立贵名。天不能死，地不能埋，桀、跖之世不能污，非大儒莫之能立，仲尼、子弓是也。

荀子的理想人格，有偏于智性的，有偏于德性的。偏于智性的在修养上便偏重知，偏于德性的在修养上便偏重行。一般都是先知后行，因为"心知道然后可道，可道然后能守道以禁非道"（《解蔽篇》）。故荀子在修己上，也有致知和笃行两套工夫。

以下我们先谈谈荀子致知的工夫。

《荀子》全书，首重在学，故开宗明义曰："学不可以已。"（《劝学篇》）盖生之所以然之性，无伪则不能自美，学者必须善假于外物，然后足以美其身。学有觉义与效义，由未知而知为觉，由未能而能为效。致知一方面要有经验的累积，另一方面要有理性的通贯。荀子在知识论上有经验主义的性格，这是很明显的，所以他说："积土成山，风雨兴焉；积水成渊，蛟龙生焉；积善成德，而神明自得，圣心备焉。故不积跬步，无以至千里；不积小流，无以成江海。"（《劝学篇》）但荀子除了有经验主义的性格外，也有理性主义的性格。《劝学篇》云：

> 伦类不通，仁义不一，不足谓善学。学也者，固学一之也。

《不苟篇》云：

> 君子位尊而志恭，心小而道大；所听视者近而所闻见

者远。是何邪？则操术然也。故千人万人之情，一人之情是也；天地始者，今日是也；百王之道，后王是也。君子审后王之道而论于百王之前，若端拜而议。推礼义之统，分是非之分，总天下之要，治海内之众，若使一人，故操弥约而事弥大。五寸之矩，尽天下之方也。故君子不下室堂而海内之情举积此者，则操术然也。

《非相篇》云：

欲观千岁则数今日，欲知亿万则审一二，欲知上世则审周道，欲知周道则审其人所贵君子。故曰：以近知远，以一知万，以微知明。此之谓也……圣人者，以己度者也，故以人度人，以情度情，以类度类，以说度功，以道观尽，古今一度也。类不悖，虽久同理。

《儒效篇》云：

法先王，统礼义，一制度，以浅持博，以古持今，以一持万，苟仁义之类也，虽在鸟兽之中，若别白黑，倚物怪变，所未尝闻也，所未尝见也，卒然起一方，则举统类而应之，无所儗㤉，张法而度之，则晻然若合符节，是大儒者也。

由上可见，荀子致知，不但要学至全尽，而且要知类明统。学者始于诵诗书，终于读礼乐。诗书只是一些先王之陈迹，礼乐则为后王之制度。但制度条文本身无所解说，故必须法其法以求其统类，深知其义，通达其理，才能与时迁移，与世偃仰，千举万变，不离其宗。

然而，人在致知之过程中，每每会被一曲之知所障蔽，所谓欲为蔽，恶为蔽，始为蔽，终为蔽，远为蔽，近为蔽，博为蔽，浅为蔽，古为蔽，今为蔽。凡万物异，则莫不相为蔽。故必须无欲无恶，无始无终，无近无远，无博无浅，无古无今。这被荀子叫作解蔽。培根在致知上主张观察法，亦谓我们必先去除心中的剧场偶像、市场偶像、洞穴偶像、种族偶像，才能客观地面对事实。培根所谓偶像，无异于荀子所谓蔽；培根要人去除偶像，就无异于荀子要人解蔽。人要解蔽，才能顾虑周全。故《不苟篇》云：

> 见其可欲也，则必前后虑其可恶也者；见其可利也，则必前后虑其可害也者；而兼权之，孰计之，然后定其欲恶取舍。如是，则常不失陷矣。凡人之患，偏伤之也。见其可欲也，则不虑其可恶也者；见其可利也，则不顾其可害也者。是以动则必陷，为则必辱，是偏伤之患也。

荀子认为人要免于蔽塞之祸、偏伤之患，除了凡事要瞻前顾后、深思熟虑外，更要在致知之前有一套养心修心的工夫。因为人知"道"要靠心，若"观物有疑，中心不定，则外物不清，吾虑不清，则未可定然否也"（《解蔽篇》）。《礼记·大学》亦云："身有所忿懥，则不得其正；有所恐惧，则不得其正；有所好乐，则不得其正；有所忧患，则不得其正。心不在焉：视而不见，听而不闻，食而不知其味。"故荀子有所谓治心之道。

什么是治心之道呢？《解蔽篇》云：

> 治之要在于知道。人何以知道？曰：心。心何以知？

曰：虚壹而静。

所谓虚，是不因心有旧知而妨碍了它接纳新知。所谓壹，是不因心能兼知而妨碍了它的专一。所谓静，是不因心有潜意识与下意识的活动而妨碍了它的清明。心能修养到虚壹而静，便叫作大清明，于是宇宙间的万形万理都可以呈现在我们的面前，无所偏蔽，这便达到了大人的境地。

荀子治心，虽要达至大清明的境地，但工夫之次第，则有强、忍、危、微之不同，以及人心、道心之别。

《解蔽篇》"空石之中有人焉"一段，论治心之道的工夫次第，其中颇有错简，诸家校正虽多，但仍有可疑者，今参以己见，将全段重订如下：

> 空石之中有人焉，其名曰觙。其为人也，善射以好思。耳目之欲接，则败其思；蚊虻之声闻，则挫其精。是以辟耳目之欲，而远蚊虻之声，闲居静思则通。思仁若是，可谓微乎？孟子恶败而出妻，可谓能自强矣，未及忍也。有子恶卧而焠掌，可谓能自忍矣，未及危也。辟耳目之欲，而远蚊虻之声，可谓危矣，未可谓微也。夫微者至人也。至人也，何强、何忍、何危？故浊明外景，清明内景。圣人纵其欲，兼其情，而制焉者理矣；夫何强、何忍、何危？故仁者之行道也，无为也；圣人之行道也，无强也。仁者之思也恭，圣人之思也乐，此治心之道也。

朱子《中庸章句序》以"人心惟危，道心惟微，惟精惟一，允执厥中"为舜所以授禹之道统。他把人心解作生于形气之私，把道心解作原于性命之正，危是危殆不安之意，微是微妙难见之意，故必须精察于二者之间而不杂，贞一于道心之正而不离，必使道心常为一身之主，使人心常听命于道心，才能使危者安，微者著，而达至允执厥中的理想。因此，朱子是把"人心惟危"和"道心惟微"对立起来，把"人心之危"解作劣义。荀子对道经"人心之危，道心之危"的解释，则是把"危"和"微"都解作胜义，故曰："处一危之，其荣满侧；养一之微，荣矣而未知……危微之几，惟明君子而后能知之。"（《解蔽篇》）

荀子认为要治心，第一步便要如孟子之自强。但孟子怕妻子影响他的修行而出妻，不及有子憎恶自己寝卧而焠掌。因为出妻只是舍弃身外之物，焠掌则有切肤之痛。故治心的第二步便要如有子般能自忍。但自忍只是忍受身体上的痛苦，尚未进至精神上的凝聚。空石之人，为了集中精神射覆，而辟耳目之欲，远蚊虫之声，使心思永远在戒慎恐惧的状态下求其集中，这便是能自危。《说文解字》谓"危"为："在高而惧也"。故所谓"人心之危"，不取危殆之意，而取危惧之意。人要集中精神，不受外物干扰，首先便要以戒慎恐惧的心情勉力从事，这便叫作"处一危之"。不过，以戒慎恐惧的心情来治心，未免过分紧张和着迹，因此不能算是治心的最高境界。治心的最高境界是"养一之微"，达到无为无强、何忍何危的境地，出乎自然，行所无事，则一切都会发荣滋长于不知不觉之中，到达治心的最高境界。可见荀子虽然重视人为之伪，但依然是以无为自然为理想的。

当然，能以虚壹而静的大清明心，学至全尽，知类明统，又能解除一切偏蔽，把万事万理都铺陈出来加以计虑权衡，思索熟察，便能为天下生民制定一些可以保万世的礼义法度。然而，有了礼义法度而不去身体力行，或只将礼义法度入乎耳，出乎口，口耳之间，只有四寸，这便不足以美其身。故君子之学，必须"入乎耳，箸乎心，布乎四体，形乎动静。端而言，蠕而动，一可以为法则"（《劝学篇》）。

荀子认为，治气养心，没有比循礼而行更快捷的。因为礼是立中而制节、称情而立文的，人若循礼而行，便可以变化气质。故《修身篇》曰：

> 治气养心之术，血气刚强，则柔之以调和；知虑渐深，则一之以易良；勇胆猛戾，则辅之以道顺；齐给便利，则节之以动止；狭隘褊小，则廓之以广大；卑湿、重迟、贪利，则抗之以高志；庸众驽散，则劫之以师友；怠慢僄弃，则炤之以祸灾；愚款端悫，则合之以礼乐，通之以思索。凡治气养心之术，莫径由礼。

治气养心，虽然莫径由礼，却又莫善于诚。究竟荀子所谓"诚"是什么意思呢？《不苟篇》云：

> 君子养心莫善于诚，致诚则无它事矣；唯仁之为守，唯义之为行。诚心守仁则形，形则神，神则能化矣；诚心行义则理，理则明，明则能变矣。变化代兴，谓之天德。天不言而人推高焉，地不言而人推厚焉，四时不言而百姓期焉。夫此有常，以至其诚者也。君子至德，嘿然而喻，未施而亲，不怒而威。夫此顺命，以慎其独者也。善之为道者，不诚则不独，不独则不形，不形则虽作于心，见于

色，出于言，民犹若未从也，虽从必疑。天地为大矣，不诚则不能化万物；圣人为知矣，不诚则不能化万民；父子为亲矣，不诚则疏；君上为尊矣，不诚则卑。夫诚者，君子之所守也，而政事之本也。唯所居以其类至，操之则得之，舍之则失之。操而得之则轻，轻则独行，独行而不舍则济矣。济而材尽，长迁而不反其初则化矣。

荀子主张性恶善伪，他所谓"诚"，不是指性，也不是指仁义善道本身，而是指健行不息地守仁行义。故"诚"不着重于致知，而着重于笃行。能精一不贰地守仁，便叫诚心守仁；能精一不贰地行义，便叫诚心行义。故仁义善道，亦须继续不断地践行，恒常不息地表现。如果仁义善道的践行和表现只如疾风骤雨般稍纵即逝，无以为继，则父子之亲亦会由亲变疏，君上之尊亦会由尊变卑，圣人之知亦不能化万民。因为若不能诚于善道，便不会在人所不见之地仍健行不息、纯亦不已地为善。若不能在人所不见之地健行不息、纯亦不已地为善，则不能使善道实有诸己而自然流露形诸辞色之间。若不能使善道实有诸己而自然流露形诸辞色之间，则虽以巧言令色作状于外，民众也不会顺从，即使顺从亦必引起疑惑。天不言而人推高，地不言而人推厚，君子不言而喻、未施而亲、不怒而威，都是由于对善道健行不息、纯亦不已所致。礼者，履也。人养心虽然莫径于礼，但行礼由礼而不至于健行不息、纯亦不已，则亦不足以变化气质、感化万民。故曰："养心莫善于诚"。

荀子所谓"诚"，既是择善固执，要人对善道健行不息、纯亦不已的意思，是由诚心守仁、诚心行义所达至的理想人格，亦是人为努力的结果。照荀子的观点，不但礼义法度是积伪所生，圣人也是积伪所致，而"诚"本身是择善固执、孜孜为善的代名词，如是，积伪就是致诚，致诚就是积伪，人由"真积力久"而至"长迁而不反其初"，便可以达至圣人的境地。这些话，表面上和孟子有很大的差别，但孟子虽主张性善，到底也只说"有为者亦若是"（《孟子·滕文公上》），可见他们同样重视"人成"，只是对"天生"一面有不同的评价而已。

《荀子》一书，特重择术，认为"相形不如论心，论心不如择术。形不胜心，心不胜术"（《非相篇》）。故《修身篇》有所谓治气与养心之术，《不苟篇》有所谓欲恶取舍之权，《荣辱篇》有所谓常安之术与常危之术，《仲尼篇》有所谓持宠处位终身不厌之术与擅宠于万乘之国必无后患之术，《强国篇》有所谓力术与义术，《致士篇》有所谓衡听、显幽、重明、退奸、进良之术。凡此等等，包括了治人与修己，亦可见荀子天生人成思想之一斑。

第二章　荀学价值根源问题的探讨[*]

荀子主张性恶善伪、天生人成。一般人认为：荀子所言之天，只是列星随旋、日月递照的自然之天；而所言之性，只是好利恶害、怀生畏死的自然之性。因此，荀子所言的性与天都只是生之所以然的本始材朴，无所谓善，善是后天人为之伪所成就的。然而，荀学的目的，却要我们始乎为士，终乎为圣人，完全是为了成就一些德善与价值。既然人性中没有善，则善何从来，价值根源在哪里，便成为荀学中一个必须解决的问题。

一般人很容易顺着荀子性恶善伪、天生人成的说法，认为荀子既然说人性中没有善，则善一定是客观外在的。于是有人认为荀子的礼义法度只是些客观的权威，并无内在的心性上的根源，不能在人性中有恰当的说明。然而，礼义法度作为一客观的存在，究竟又是从何而来的？这依然是一个问题。于是有人索性把荀子的礼义法度说成是一种形而上的实在，认为这些礼义法度，自荀子看来，是自古就有的东西，因而不应再追问

---

[*] 原载《先秦诸子论丛（续编）》，台北，东大图书公司，1983。

这些礼义法度从何而来。把荀子的礼义法度从人的心性中外推出去，使之成为客观的存在或形而上的实在，我们认为是很值得商榷的。因为荀子自己即曾明确提出过"人之性恶，则礼义恶生？"的问题，并且在《性恶篇》对这个问题也有了清楚的回答，他说：

> 问者曰："人之性恶，则礼义恶生？"应之曰：凡礼义者，是生于圣人之伪，非故生于人之性也。故陶人埏埴而为器，然则器生于陶人之伪，非故生于人之性也。故工人斲木而成器，然则器生于工人之伪，非故生于人之性也。圣人积思虑，习伪故，以生礼义而起法度，然则礼义法度者，是生于圣人之伪，非故生于人之性也。

荀子在以上一段文字中，虽然没有说礼义法度生于人之性，而只是说生于圣人之伪，但礼义法度到底是经由圣人产生出来的，没有圣人制礼义而起法度，礼义法度是不可能成为一客观的存在的，正如没有陶人埏埴的活动与工人斲木的活动，便不可能有瓦器和木器的客观存在一样。礼义法度既然是圣人所生的，便不可能是形上的实在。

可是，荀子说的"礼义法度者，是生于圣人之伪，非故生于人之性也"究竟是什么意思呢？性中如无礼义法度，圣人如何能生出礼义法度来呢？

我们要指出的是：荀子虽说性中没有礼义法度，但并没有说我们不可以有制礼义而起法度的性。人有可以制礼义而起法度的性，虽然不等于人性中有礼义法度，但人若凭借这可以制礼义而起法度的性"伏术为学，专心一志，思索孰察，加日县久，积善而不息"（《性恶篇》），便能够实际地制礼义而起法度。不过，人要以后天的积伪制作出礼义法度来，必须在先天的本性上有能制作出礼义法度的根源。人性既然是恶的，则善的根源究竟在哪里呢？

于此，我们必须指出：对荀子性恶论的理解，不能一味地望文生义。因为荀子所谓性，只是就生之所以然的本始材朴而言。人的生之所以然的本始材朴，不限于怀生畏死、好利恶害等自然情欲，也包括了心知灵明。这和孟子肯定人有大体、小体并无二致。我们决不能说荀子所言的性，只限于动物性。因为"人生而有知""心生而有知"（《解蔽篇》），这生而有的心知，绝不是可学而能、可事而成的在人者的伪，而只能是不可学、不可事而在天者的性。如果把心划在性之外，显然不合荀子性伪的界说。一般人把荀子所讲的欲理解为恶，把荀子所讲的心理解为纯知性的心，因而不能有德性的基础与价值的根源，这种理解，虽已积非成是，但却有重新加以检讨的必要。

首先要指出的是：通观《荀子》全书，并没有以欲为恶的意思。荀子在《正论篇》中反对宋子以人之情为欲寡而不欲多的观点。他在《正名篇》中则主张"治乱在于心之所可，亡于情之所欲"，又说"所欲虽不可尽，求者犹近尽"。而《礼论篇》则谓圣王制礼义，目的即在"养人之欲，给人之求"，使"欲必不穷乎物，物必不屈于欲，两者相持而长"，可见荀子绝无以欲为恶之理。既然恶不在于人生而有欲和人生而好利，那么恶是怎样产生的呢？荀子认为，人一味随顺或放纵好利疾恶之性，以至于争夺生而辞让亡，残贼生而忠信亡，才是恶；或一味追求满足其欲望而无度量分界，以至于争夺乱穷、悖礼犯分，才是恶。可见我们决不能从人生而有欲去理解荀子所谓的恶。

既然属于小体的欲不是恶，则属于大体的心更不是恶。因为荀子认为人赖以知道者为心。道是善的，赖以知道的心更不能为恶。因此，无论小体之欲还是大体之心，都不能说是恶。可见荀子的性恶论是无根的。他反对孟子的性善论，原意只是说天性不是完善的，善是后天人为之伪的结果。所以我们与其说荀子是性恶论者，不如说他是善为伪论者。业师唐君毅先生在《中国哲学原论·导论篇·原心下》中云："荀子整个政治文化之思想，全不能由其性恶观念引出，则谓荀子思想中心在性恶，最为悖理。"

现在我们不但要指出荀子所谓的性不是恶，而且有其善的根源，这样才能解答"礼义恶生"和"礼义生于圣人之伪"的问题。

荀子说心可以知道，究竟心是如何知道的呢？道是否只是个被认知的对象？心是否只是个认知的主体呢？道可否由心建构出来？而心是否是个德性主体呢？

荀子所谓道，"非天之道，非地之道，人之所以道也，君子之所道也"（《儒效篇》），又说"何谓衡？曰道"（《解蔽篇》），"道者，古今之正权"（《正名篇》）。可见，道是人权衡得宜、可否中理的产物。权衡得宜，则知祸福之所托；"权不正，则祸托于欲而人以为福，福托于恶而人以为祸"。心之所可中理，则为道；心之所可失理，则非道。故"人无动而不可以不与权俱"(《正名篇》),既然道是人权衡得宜、可否中理的产物,则绝不只是被认知的对象,而是由人的主体、心的主体建构出来的。

一般人理解荀子的心,只从《解蔽篇》中的虚壹而静的大清明心去理解,认为荀子的心,是个只能认识客观事实的认知主体,而非能树立价值理想的价值主体。因此认为荀子的心,不可能是个可以生礼义而起法度的价值根源。

荀子言心,偏重心的知性,而不偏重心的德性。但若只是从心的知性去了解荀子的心,对心的德性完全加以否定,使荀子的礼义法度成为无根之木、无源之水,则完全是一种误解。因为如果荀子的心只是个认知主体,则当他认知礼义法度时,亦只能把礼义法度作为一些客观事实或认知对象加以认识。礼义法度作为客观事实或认知对象,和偏险悖乱之为客观事实或客观对象是完全没有分别的,若此,则我们在制礼义法度后,绝不可能进一步在众多的客观事实中择善固执,守死善道。荀子在《解蔽篇》中云:"心不可以不知道。心不知道,则不可道而可非道……心知道然后可道,可道然后能守道以禁非道。"可见荀子的心,是由知道贯串到可道、守道以禁非道。他所谓知道,绝不只是知道一个客观事实,而同时也能作为价值的抉择,知道什么是有价值的道,什么是没有价值的非道,有价值则肯可之,没有价值则不肯可之,如是乃能进一步去守道以禁非道。如果我们认为荀子所讲的性只是动物性,所讲的心只是认知心,心性之中没有知善知恶、好善好恶、为善去恶的能力,便无法解释荀子何以在知道之外又能可道、守道以禁非道。唐君毅先生在《中国哲学原论·原道篇》中的《荀子之成人文统类之道（上）》一文中，对这个问题，曾有发人深省的一段话。他说：

> 道如只为一所知之对象，则既知之，即可完成吾人之知识，人应只有所谓知道，而无所谓行道。然荀子明要行道以成治去乱，其知道，乃所以为行道。此又何故？……道既兼为所知与所行……人于道当不只有一知识的心，亦有一意志行为的心……又如荀子之所以重百王之统、后王之礼制、圣王之师法，纯以此统、此礼制、此圣王之存在为一客观外在之人文历史事实或经验世界之事实，则此事实之本身，并不涵具吾人之必当法之之义。人各有所知之历史事实或经验世界之事实，如皆可法，则何以必以圣王为法？更可问：何以必以圣王为法，而不以自然界之万物为法？则荀子之法人中之圣王以为道，只为荀子个人之言道，必以人道为本，必法圣王，又似非无其一定之理由者。由此种种之问题，则吾人对荀子所谓心与道德关系，即不能不别求善解以通之。

在上引文字中，唐先生指出人若只能认识客观事实，则对荀子何以必以圣王为法，便无从索解。因为就事实而言，有自然界的事实，有人文界的事实。就人文界的事实而言，有圣人之事实，亦有凡人之事实。如果人只有一个认知心，何以荀子不法自然，不法凡人，而必以人道为本，必以圣王为法呢？荀子必以圣王为法，绝非思想上之偶然，而必有一定之理由。这理由必须从心与道德的关系上去找。所以唐先生说："吾人对荀子所谓心与道德关系，即不能不别求善解以通之。"这是极具启发性的，以下我们试循着唐先生的启示，对荀子的心与道德的关系别求善解。

要善解荀子的心性，必不能只从动物性与认知心去了解，因为荀学的根本目的既不在于情欲的满足，亦不在于知识的追求，而是要尽伦尽制，成为圣王，使人生文化达至至善的境地。这是荀子之所以为儒家的根本理由所在。荀子要我们以虚壹而静的大清明心去学至全尽，知类明统，以求成就知识。其终极目的，依然是要成圣成王，达至人生文化的终极理想。他这种为道德而知识，而非为知识而知识的态度，在《解蔽篇》中表现得最清楚明白，他说：

> 凡以知，人之性也；可以知，物之理也。以可以知人之性，求可以知物之理而无所疑止之，则没世穷年不能遍也。其所以贯理焉虽亿万，已不足以浃万物之变，与愚者若一。学，老身长子而与愚者若一，犹不知错，夫是之谓妄人。故学也者，固学止之也。恶乎止之？曰：止诸至足。曷谓至足？曰：圣王。圣也者，尽伦者也；王也者，尽制者也；两尽者，足以为天下极矣……《传》曰："析辞而为察，言物而为辨，君子贱之；博闻强志，不合王制，君子贱之。"此之谓也。

人有可以知之性，物有可以知之理，如果荀子的心纯粹是一认知心，大可以驰骋我们的心知于一切物理之上，而不必有所凝止。但荀子却不然，他说"学也者，固学止之也"（《解蔽篇》），而且要我们止之于圣王。由上可知，荀子的知性活动是受德性节制的。不受德性节制的纯知性活动，如析辞而为察，言物而为辨，博闻强记，不合王制，都是荀子所不取的。而这能够节制、驾驭、规范、主宰知性活动的心，可以说就是一个德性心。可见在认知心以外，荀子显然还肯定有一个德性心，或在心的知性外，还肯定心的德性。

要说明荀子的心具有德性的成分，我们可以通过他肯定人有知善知恶的道德良知、好善恶恶的道德情感以及为善去恶的道德意愿去加以说明。

关于人有知善知恶的道德良知这一点，荀子在《解蔽篇》中说"人生而有知""心生而有知"，而这生而有的知，不只是个认识客观事实之知，同时也是个知"道"之知，知"仁义法正"之知。故《解蔽篇》云"心不可以不知道"，又说"人何以知道？曰：心"。《性恶篇》也说："涂之人也，皆有可以知仁义法正之质，皆有可以能仁义法正之具。"这知"道"之知，与知"仁义法正"之知，绝非把道与仁义法正当作一些客观事实去知，而是把道与仁义法正当作一价值意义去知。因此，心生而有知，既是知青红皂白的知，又是知仁义礼智的知。

一般人从《礼论篇》"人生而有欲"、《性恶篇》"今人之性，生而有好利焉"的话，误以为人生而有的只有欲利，于是说荀子只肯定人的动物性；又从《解蔽篇》"人何以知道？曰：心。心何以知？曰：虚壹而静"的话，误以为荀子的心只是个认知外物的大清明心。实则荀子一方面说"人生而有欲"，另一方面亦说"人生而有知"；一方面说心如明镜、心如盘水，另一方面也说心为形之君、神明自主。这都是在行文上的方便说法，要了解荀子思想的全貌，必须将各种方便说法加以综合。荀子自己对人性做出比较全面综合的说明还是有的。《大略篇》云：

> 义与利者，人之所两有也。虽尧、舜不能去民之欲利，然而能使其欲利不克其好义也。虽桀、纣亦不能去民之好义，然而能使其好义不胜其欲利也。故义胜利者为治世，利克义者为乱世。

荀子认为义与利乃人之两有，虽桀、纣在位亦不能去民之好义，可见好义是不离其朴、不离其资的本性。这一好义的本性，《强国篇》引申为好礼义、辞让、忠信而恶污漫、争夺、贪利之性。不过，我们既不能根据《强国篇》"桀、纣者，善为人所恶也；而汤、武者，善为人所好也。人之所恶何也？曰：污漫、争夺、贪利是也"，也不能根据《性恶篇》"今人之性，生而有好利焉，顺是，故争夺生而辞让亡焉"的话，说荀子主张人只有好利疾恶而无辞让忠信之性。荀子谓义与利人之两有，正如董仲舒说仁与贪两在于身。这和孟子同时肯定人有属于大体的仁义礼智之心与属于小体的耳目口鼻之欲一样，都是对人性做出的综合的说明。

荀子在指出义与利是人之两有之外，更进一步指出人之所以为人、人之所以异于禽兽的本质之性在于人有辨义的能力，而不是那些好利嫉恶之性。《非相篇》云：

> 人之所以为人者，非特以其二足而无毛也，以其有辨也……夫禽兽有父子而无父子之亲，有牝牡而无男女之别，故人道莫不有辨。辨莫大于分，分莫大于礼，礼莫大

于圣王。

《王制篇》云：

> 水火有气而无生，草木有生而无知，禽兽有知而无义，人有气、有生、有知，亦且有义，故最为天下贵也。力不若牛，走不若马，而牛马为用，何也？曰：人能群，彼不能群也。人何以能群？曰：分。分何以能行？曰：义。

荀子在以上两段文字中，清楚地表明人是不同于禽兽的，而且人和禽兽的不同也不只是类的不同。"二足而无毛"是人和禽兽类的不同的地方，但人和禽兽尚有本质上的差别，那就是人是有分、有辨的，且应当具有道德上的分辨的能力。故曰："分何以能行？曰：义。"荀学的最大目的是止于圣王，即止于至善。止于至善之所以可能，是由于人有义。有义才有辨，有辨才有礼，有礼才有圣王，因此，义是一切价值的基础，是至善的根源；而义又是人生而具有的，是虽桀、纣在位亦不会离其朴、离其资的本质之性，可见人性自有知善知恶的能力作为一切道德的基础、价值的根源。

关于人有好善恶恶的道德感情这一点，荀子不但在《强国篇》中说人有恶污漫、争夺、贪利而好礼义、辞让、忠信之性，而且在《性恶篇》中说："人之欲为善者，为性恶也。"人之欲善而恶恶，好礼义、辞让、忠信而恶污漫、争夺、贪利，何以证明其为天生之性，而不是后天之伪呢？因为"人之欲为善"和人之为礼义、辞让、忠信，都是全称命题，断说的是人的一种普遍性。这一普遍性，只可能是不可学、不可事而在天者之性，而不可能是可学而能、可事而成之在人者之伪。如果"人之欲为善"是伪而不是性，则他由"苟无之中者，必求于外"（《性恶篇》）所能推出的结论，亦只能是"为伪恶也"，而不能是"为性恶也"。今荀子既要以"人之欲为善"推证性恶，因此"人之欲为善"只能是性而不能是伪。而且人之好义，虽桀、纣在位亦不能去除，可见好义是不离其朴、不离其资的性，而非后天获得之伪。此外荀子还指出这些欲治恶乱、好善恶恶的道德感情和道德愿望，是圣王制礼作乐的根据。《礼论篇》云：

> 人生而有欲，欲而不得，则不能无求，求而无度量分界，则不能不争。争则乱，乱则穷。先王恶其乱也，故制礼义以分之。

《乐论篇》云：

> 故人不能不乐，乐则不能无形，形而不为道，则不能无乱。先王恶其乱也，故制雅、颂之声以道之。

由于人生而有欲，欲而无礼则乱，因此先王一方面有恶乱之情，另一方面要养人之欲，因而制礼。故曰："礼也者，理也"，"礼者，养也"。由于人不能不乐，乐而不为道则乱，因此先王一方面有恶乱之情，另一方面要导人之情，因而作乐。故曰："乐者天地之和也"，"乐者乐也"。可见礼乐之所由起，一方面是因为圣王有好治恶乱之情，另一方面是因为人有欲乐之情，圣王为了好治恶乱而制作礼乐，以养人之欲、导人之情，则礼乐之生起，完全是为了实现生命主体的价值理想。离开了生命主体所追求的价值理想，把礼乐看作一非理性的外在权威或自古固存的形上实在，都会使礼乐成为非人道的、不近人情的东西，这和荀子完全紧扣人的情性而言礼乐的本意，不啻背道而驰。

荀子论礼，认为人有吉凶忧愉之情。发于颜色，而有说豫娩泽、忧戚萃恶之色；发于声音，而有歌谣謸笑、哭泣谛号之声；发于饮食，而有稻粱酒醴、菽藿酒浆之味；发于衣服，而有黼黻、文织、菲繐、菅屦之衣；发于居处，而有床第、几筵、席薪、枕块之居。故这些表现于颜色、声音、饮食、衣服、居处的礼制，都是发自人的吉凶忧愉之情。这些吉凶忧愉之情，虽然异于好治恶乱的道德感情，但至少也是礼乐所要文饰的本始材朴。圣王制作礼乐，就是要对这些本始材朴"断之继之，博之浅之，益之损之，类之尽之，盛之美之，使本末终始莫不顺比，足以为万世则"（《礼论篇》）。可见礼乐是不能离开生命主体去加以说明的。

尤有进者，荀子在《礼论篇》中要我们祭天地、祭祖先、祭君师，理由是："天地者，生之本也；先祖者，类之本也；君师者，治之本也。"因此我们行祭祀之礼，不是因为祭祀之礼是外在的权威或形上的实在，而是由于我们的生命主体原有报本返始之心、追养继孝之情、崇德报功之念。故曰："祭者，志意思慕之情也，忠信爱敬之至矣，礼节文貌之盛矣。"（《礼论篇》）人如果没有志意思慕、忠信爱敬之情，便不会有礼节文貌之盛。所以这些报本返始、追养继孝、崇德报功等志意思慕、忠信爱敬之情，不能不说是道德的感情。礼乐就是以这些道德感情为其根源的。所以荀子说："礼以顺人心为本，故亡于《礼经》而顺人心者，皆礼也。"(《大略篇》) 又说："乐也者，和之不可变者也；礼也者，理之不可易者也。乐合同，礼别异。礼乐之统，管乎人心矣。"(《乐论篇》) 如果我们把"管乎人心"的礼乐之统理解为完全离开人心的外在权威或形上实在，则何以荀子说《礼经》所不载的，只要顺于人心，都是礼呢？可见将荀子的礼乐完全从人性中分离出去，便失落了它在主体中的价值根源，而使之成为一纯客观的存在，或自古固存、先天地生的形上实在，应该是一个非常严重的错误。关于人有为善去恶的道德意志一点，唐君毅先生曾就荀子言道兼知与行，而谓人不只有一知识的心，亦有一意志行为的心。这里所谓意志行为，当然包括道德意志与道德行为。人在知是知非、知善知恶以后，还有一是是非非、为善去恶的道德意志，要我们躬行实践所知之道，使之实有诸己。对于认知心，荀子要我们"养之以清"(《解蔽篇》)。对于意志行为心，荀子却说"养心莫善于诚"(《不苟篇》)。荀子所谓"诚"，是指贯彻我们的道德意志去为善去恶的意思，这亦可说就是笃行。因为只有唯仁之为守，唯义之为行，诚心守仁，诚心行义，才能使我们由博学、审问、慎思、明辨而来的善道实有诸己，使我们化性起伪，长迁而不返其初，这样我们的整个道德活动才能完成。荀子要我们由知道而可道，由可道而守道以禁非道，是要由知直接贯注于行，因此他所谓知道之知，也不可能只是观照之知或认知之知，而必有道德的意志、价值的抉择贯注其中。

荀子在《解蔽篇》中要我们从"蔽于一曲而暗于大理"的闭塞中解放出来，并历述了许多人的种种闭塞，最后举出了一个不蔽的理想人格,那就是孔子。但他说孔子不蔽,不只从知性上讲,也从仁性上讲,所以说"孔子仁知且不蔽"(《解蔽篇》)。可见荀子所谓的解蔽,是关联着仁性与德性讲的。《不苟篇》云:"公生明,偏生暗,端悫生通,诈伪生塞,诚信生神,夸诞生惑。"明、暗、通、塞、神、惑都是就智性而言的,而公、偏、端悫、诈伪、诚信、夸诞则是就德性而言的,故要解除知性上的闭塞,亦必须有德性的基础和工夫。

荀子在《解蔽篇》中除了以虚壹而静的大清明说心,谓心如盘水,可以清明鉴物外,也说:"心者,形之君也,而神明之主也,出令而无所受令。自禁也,自使也,自夺也,自取也,自行也,自止也。故口可劫而使墨云,形可劫而使诎申,心不可劫而使易意,是之则受,非之则辞。"如心只是个如盘水鉴物的知性心,则我们的心便只能受令而不能出令,只能随顺外在事物的行止而行止,而无所谓自禁、自使、自夺、自取、自行、自止。荀子的心不但能照鉴是非,是的说它是,非的说它非,而且有不可劫持的强烈的道德意志,是的才接受它,非的便推辞它。这种为善去恶的道德意志,可以做到"权利不能倾""群众不能移""天下不能荡""生乎由是,死乎由是"的地步,荀子称其为德操。试问这样一个形之君、神明之主的心,怎能只是个认知主体,而不同时是一道德主体或价值主体呢?

由上可知,荀子虽然主张性恶,但同时也主张人有知善、好善、为善的道德良知、道德感情和道德意志。不过荀子并不以为有知善、好善、为善的主观能力便是善。他所谓善,是就果来说，而不是就因来说，是指客观上达至正理平治的效果说，而不是就我们主观上可以为善的能力说。因此他在《性恶篇》中云："凡古今天下之所谓善者，正理平治也；所谓恶者，偏险悖乱也。是善恶之分也已。"这和孟子所说的"乃若其情，则可以为善矣，乃所谓善也"（《孟子·告子上》）显然有不同的取义。

荀子在《礼论篇》中云：

> 性者，本始材朴也；伪者，文理隆盛也。无性则伪之无所加，无伪则性不能自美。性伪合，然后圣人之名一，天下之功于是就也。故曰：天地合而万物生，阴阳接而变化起，性伪合而天下治。天能生物，不能辨物也；地能载人，不能治人也。宇中万物、生人之属，待圣人然后分也。

这里说天能生物而不能辨物，地能载人而不能治人，天性之中只有本始材朴，如果不加上文理隆盛之伪，便不能自美，故必须性伪合而礼义生，性伪合而天下治，性伪合然后成圣人之名。荀子所谓道，"非天之道，非地之道，人之所以道也，君子之所道也"（《儒效篇》）。故继天成善、化性成德的关键，落在人的分上说，人成为三才之一，而且是一切美善的根源。所以《富国篇》说："天地生之，圣人成之。"《君道篇》说："君子者，法之原也。"《修身篇》说："师者，所以正礼也。"《王制篇》也说："天地者，生之始也；礼义者，治之始也；君子者，礼义之始也。"这些都是把价值的根源落在人的主体上说的。近人读《荀子》，竟把三才之一的人贬抑为只有动物性，只有认识心,这真是不可思议的事。

荀子肯定人有知善、好善、为善的道德良知、道德感情和道德意志等可以为善的先天根据,照理便可以说性善,但荀子却不据此说性善,原因有二。第一个理由是人有这些可以为善的先天根据,不等于当下实已是善。于此荀子严格地分开可以和可能,认为可以未必可能。故《性恶篇》说:

> "圣可积而致,然而皆不可积,何也?"曰:"可以而不可使也。故小人可以为君子而不肯为君子,君子可以为小人而不肯为小人。小人、君子者,未尝不可以相为也,然而不相为者,可以而不可使也。故涂之人可以为禹,则然;涂之人能为禹,未必然也……夫工匠、农、贾,未尝不可以相为事也,然而未尝能相为事也。用此观之,然则可以为,未必能也;虽不能,无害可以为。然则能不能之与可不可,其不同远矣,其不可以相为明矣。"

依照荀子的用语,人有可以为善的先天根据,并不等于现实上已有善,现实上的善是性与伪合的产物,天生之性不是完善的,加上人为之伪才能达至完善。所谓性之恶,是对照伪之善而言的。荀子所谓性,无论指心或指欲而言,均无所谓善,亦无所谓恶。荀子说性恶,是强调过当,容易引起误解,所以我们主张把它改为善伪论,而非性恶论。唐君毅先生在《中国哲学原论·导论篇·原心下》云:

> 荀子《性恶篇》,承认人之欲为善。夫人性既恶,欲为善者谁邪?则此只能是指人心之自有一超拔乎恶性,以求知道中理而为善之能也。此处岂不是反证人心之善耶?

然荀子之所以终不说人心之性善也,则以彼说人之欲为善,不过可以为善……可以为未必实为,则欲为善亦不必实善,故终不说人心之性善也。于此,吾人如依孟子之教言,则欲为善,虽不比实为善,然此欲为善之心,毕竟当下实已是善。

唐先生的批评甚是,但不等于说荀子之言为非。我们可以肯定孟子的性善论,同时也可以肯定荀子的性恶论,只要我们把他们用字的意义厘清,孟、荀之说,并非不可两立。

荀子不据人有可以为善的先天根据以言性善的第二个理由是先天根据即使是善的,也只能是本始材朴之善,而非文理隆盛之善。"君子、小人一也"(《荣辱篇》)的本始材朴之善,是不可以与圣王的文理隆盛之善相提并论的。在此我们可以借董仲舒的话加以说明。董仲舒沿袭荀子,主张天生人成。他不说性恶,而主张性未善,善有待于王教。他在《春秋繁露·实性》中云:

善如米,性如禾。禾虽出米,而禾未可谓米也。性虽出善,而性未可谓善也。米与善,人之继天而成于外也,非在天所为之内也。天所为有所至而止。止之内谓之天,止之外谓之王教。王教在性外,而性不得不遂。故曰:性有善质,而未能为善也。

《春秋繁露·深察名号》又云:

或曰:"性有善端,心有善质,尚安非善?"应之曰:……性有善端,动之爱父母,善于禽兽,则谓之善,此孟子之善。循三纲五纪，通八端之理，忠信而博爱，敦厚而好礼，乃可谓善，此圣人之善也……质于禽兽之性，则万民之性善矣；质于人道之善，则民性弗及也。万民之性善于禽兽者许之，圣人之所谓善者弗许，吾质之命性者，异孟子。孟子下质于禽兽之所为，故曰性已善；吾上质于圣人之所善，故谓性未善，善过性，圣人过善。

董仲舒说孟子言善，只就人性善于禽兽之处而言，这也不算错，因为孟子也说"人之所以异于禽兽者几稀"（《孟子·离娄下》）。不过，孟子所谓几希之性，不是自气上言，不是自生上言，也不是自知上言，而是自义上言。人之所以异于水火、草木与禽兽者，即在于人有义，所谓"人有气、有生、有知，亦且有义，故最为天下贵也"（《王制篇》）。这几希之性，若能善于存养扩充，可以上达至圣人之善，不过孟子所谓善，却不专指圣人之善而言。这是孟、荀用词各有取义的地方。董仲舒在此并不否定性有善端、心有善质，也不否定性可出善。三纲、五纪、八端之理，忠信而博爱，敦厚而好礼，虽然都是从性中所出，但董仲舒却要分个天人内外。王教属于外，天性属于内。属于外的王教，虽是圣人之伪，但圣人之所以能起伪，在荀子而言，依然是本于性的，不过有先天后天之分而已。董仲舒的这些意思和荀子的本意应该是完全一致的。

荀子认为王教在性外，礼义法度生于圣人之伪，不是说王教离开了人性的外在权威或形上实在，而只是说王教和礼义法度除了根据我们主观的道德意愿之外，还要依赖客观的知识。因为"离道而内自择，则不知祸福之所托"（《正名篇》）。他批评孟子"幽隐而无说,闭约而无解"(《非十二子篇》),大体是从孟子只注重主观的愿望而缺乏客观的知识立论的。荀子所谓善,是扣紧善的实现讲的,必须于重视主观的道德愿望外,更重视如何实现这些愿望的客观知识,人只有善用知善知恶和为善去恶的能力,才能达成我们好善恶恶的愿望。善是我们主观的价值理想,善的实现是要将主观的价值理想实现在客观环境中,因此必须照顾到客观环境与情况,否则我们纵有许多悲怀宏愿,亦只能退藏于密,不但无法达至兼善天下的目的,即使独善其身,亦不能无憾。而且荀子认为"乱国之君,乱家之人,此其诚心莫不求正而以自为也,妒缪于道而人诱其所迨也"(《解蔽篇》)。所以荀子往往不感慨人的道德衰败,而感慨人的知识浅陋。《荣辱篇》云:

> 为尧、禹则常安荣,为桀、跖则常危辱;为尧、禹则常愉佚,为工匠、农、贾则常烦劳。然而人力为此而寡为彼,何也?曰:陋也。……陋也者,天下之公患也,人之大殃大害也。

孟子和荀子之不同,不在于孟子讲义内,荀子讲义外。人生而有知,知而有义,孟、荀对此都是肯定的。但荀子认为有了主观的义不等于有了善,善是从客观上的正理平治讲的,必须结合着实现这些义的合理途径与有效方法,才能由义达至善。义是应该做的问题,善是应该做加上如何做的问题,故属于义的实现的问题,便必然牵涉到一些客观知识。如果我们只讲主观理想,"幽隐而无说,闭约而无解"(《非十二子篇》),"离道而内自择,则不知祸福之所托"(《正名篇》),这就荀子而言，便不能算是善。因此荀子特别注重知识问题。我们有了义（主观的价值理想）以后，学至全尽，知类明统，兼陈万物而中悬衡，定出欲恶取舍之权，才能从以前的偏蔽中解放出来，得出一个最允当的道。所以荀子说："何谓衡？曰：道。"（《解蔽篇》）又曰："道者，古今之正权也。"（《正名篇》）因为实现价值理想的途径是杂多的，譬如就政治立法而言，荀子便说有王者之法，有霸者之法，有强国之法，有亡国之法，如果我们不能学至全尽，知类明统，把一切可能的情况都摆列出来，然后加以计虑权衡，深思熟察，便不可能得出一个"唯其当之为贵"（《不苟篇》）的道。不过，荀子重视知识，不等于不重视道德，因为道德才是荀子重视知识的结穴处。近人把孟子的心判别为德性心，把荀子的心判别为认知心，就其偏重而言虽可如此说，但因此误认为孟子的心完全没有知性，荀子的心完全没有德性，便难免推论过当之讥。

最后我们来讨论一下荀子所讲的天。一般人认为荀子所讲的天只是个没有道德意义的自然之天，正如他们认为荀子所讲的性只是个没有道德意义的动物之性一样。实则这样去理解荀子所讲的性和天都是有问题的。荀子为了重视后天人为之伪，以性和天为不足，须以后天人为的努力补足之，因而说天生人成、性恶善伪，这都是不错的，但荀子在《荣辱篇》中说"天生烝民"，在《富国篇》中说"天地生之"，在《赋篇》中说"皇天隆物"，在《大略篇》中说"天之生民，非为君也。天之立君，以为民也"，其中所说的"天"，不只是个毫无道德意义的自然现象，而且是一种德性。所以："天地为大矣，不诚则不能化万物。"又曰："变化代兴，谓之天德。"（《不苟篇》）此外，《礼论篇》更要我们对生之始的天地感恩戴德，报本返始而行祭祀。可见荀子并非只以天为一认知的对象或被治的对象，更认为天是敬事的对象，这和《易传》所说的"天地之大德曰生"并无二致。

荀子所讲的天，有所生的现象和生生的本体之别。生生的本体虽然能使列星随旋、日月递照、四时代御、阴阳大化、风雨博施，又能使万物各得其和以生，各得其养以成，但却不见其事而见其功，皆知其所以成而莫知其无形。这些天职、天功，都是不为而成、不求而得的，故虽深不加虑，虽大不加能，虽精不加察。荀子在《天论篇》中称之为不求知天，不与天争职。

天职、天功之所以然，我们虽不求知，但天职既立、天功既成之后，人有了天官、天君，圣人便当清其天君、正其天官、备其天养、顺其天政、养其天情，以全其天功。

人怎样才能成全天功呢？这便要对可以期必、可以生息、可以从事、可以为治的种种有常的自然现象加以记识，然后物畜而制之，制天命而用之，应时而使之，骋能而化之，理物而勿失之。总之，要以恰当的人道应之，则天不能贫，天不能病，天不能祸，这便叫作知天。荀子所谓知天，不是要我们知道那"不见其事而见其功……皆知其所以成，莫知其无形"（《天论篇》）的本体之天，而是要我们知道那可以应用于人事上的有常的自然现象。这便叫作明于天人之分。荀子要我们明于天人之分，目的是要我们知道"天有其时，地有其财，人有其治"(《天论篇》)。人不可舍其所以参之人事，而一味愿慕所参之天道，不可慕其在天者，而当敬其在己者，故《天论篇》的重点，依然在人道而不在天道。荀子在人道所能控制的自然现象之外，对生生之德的天道还是加以肯定的。所生的现象之天是知识的对象，能生的本体之天是敬事的对象，必须合而为一，才是荀子论天的本旨。

由此可见，荀子虽然重视知识心，但未尝不讲德性心；虽重自然之天，但未尝不讲德性之天。性、天既然都有道德的意义，则性、天依然可以是一切价值的根源，圣人本于性、天而起伪，本于性、天制礼义而起法度，实是件顺理成章的事。而近人每每从性恶论出发做纯理的推演，认为荀学矛盾百出，或则把荀子推入唯物主义阵营，与孟子对垒，这都是由于对荀学系统缺乏同情了解所引致的误解。这些误解，不但对荀学造成了损害，也对儒学造成了损害。这是必须加以澄清的。

以上所论，多与时贤往哲不合，非敢立异，实有不得已于言者，幸方闻君子，不吝赐教。

第三章　荀子善伪论所展示的知识问题[*]

荀子的性恶论,向被认为与孟子的性善论相矛盾,故历来尊崇孟子者多贬抑荀子,此自汉文帝列孟子于学官时已开其端,至宋明益甚。因此荀学在中国,长期以来没有受到应有的重视,并引起许多误解,这不独是荀子的不幸、儒学的不幸,也是中国文化的不幸。

《性恶篇》主要强调性恶论,并且反对孟子的性善论,这都是真实的。一般人总以为荀子既然反对孟子的性善论,主张性恶论,则孟、荀的思想理论必然是互相矛盾的,即如果我们接受了孟子的见解,必然就要排斥荀子的见解,反之亦然。究竟是不是这样呢?

《性恶篇》所要论证的论题是:"人之性恶,其善者伪也。"性恶与善伪,是《性恶篇》所要同时证明的。但通观《荀子》全书,荀子所能证明及所要证明的,不在性恶,而在善伪。因此,我们与其说荀子是性恶论者,不如说他是善伪论者,或是性无善无恶论者。荀子对性、伪、善、恶等观念的用法,都有

---

[*] 原载《先秦诸子论丛》,台北,东大图书公司,1981。

特定的意义，我们只有了解了这些意义后，才能进一步说明孟、荀的性论究竟是否互相矛盾，若只是望文生义，我们是永远找不到正确的答案的。

在西周以前，多以生训性。故所谓人性，就是人生。告子"生之谓性"之说，是继承着传统下来的。这个见解，一直影响到后代。荀子大体上仍承接着这传统见解，因此他说："生之所以然者谓之性。"（《正名篇》）

"生之谓性"虽然是个传统的见解，但在生就是性的大前提下，我们究竟怎样去了解人的生呢？这依然是个引起争论的问题。一般人总以为孟子反对告子，根本否认了"生之谓性"的大前提。我认为这样理解是很值得商榷的。问题不在于否认"生之谓性"的大前提，而在于我们怎样了解"生之谓性"的意义。如果所谓"生之谓性"是说与生俱来的就是性，天赋的就是性，其中包括了气质之性和义理之性的话，则我们实在没有反对的必要。中国古代只有一个天，作为万有的根源，义理之性和气质之性都从这里出。因此，孟子实不必反对"生之谓性"的大前提，而且在《孟子·告子上》中，孟子也没有否定这个大前提。孟子只是反对把人性理解成与犬牛之性无异，反对把生就是性理解成犬的性犹牛的性、牛的性犹人的性。告子只从食色来理解人的生，这说明告子对传统上"生之谓性"一语理解得过分偏狭，并不能证明"生之谓性"一语本身是错误的，错误的只是告子偏狭的解释。因只从动物性去理解人性，这便无异于说犬之性犹牛之性、牛之性犹人之性。把人性完全等同于禽兽之性，泯除人、禽有本质上的差别，这才是孟子所要反对的。人与生俱来便有维持自身生命存在的食欲和延续种族生命存在的色欲，这是用不着告子去发明的。孟子也不会否认人性中有种种自然情欲。但孟子却认为人并不是完全被自然欲望和自然本能封闭起来、束缚起来的，人性中还有超出其形躯的仁义礼智之心，这是更有价值、更可贵的。因此孟子称耳目口鼻之欲为小体，而称仁义礼智之心为大体。大体贵而小体贱，君子应从其大体而不应从其小体。这就等于说，不但耳目口鼻之欲是生之所以然的性，就是仁义礼智之心也是生之所以然的性。不过告子见其小体，只就人欲言人性，故主张性无善无不善；而孟子则见其大体，并着重就人心言人性，故主张性善。这是孟子和告子之分歧所在。

孟子反对告子，并不是否定"生之谓性"的大前提，而是对人的生、人的性有不同的认识。告子大体上只从欲的方面理解人性，而孟子则主要从心的方面理解人性。那么荀子从"生之所以然者谓之性"（《正名篇》）的角度，又怎样理解人性呢？

许多人认为荀子只从动物性去理解人性，这实在是个非常严重的错误。所谓动物性，大体是指自然情欲与自然本能，人是动物，当然也有动物性。饥而欲饱，寒而欲暖，好利恶害，怀生畏死，都是生而自然的性，荀子当然承认。但荀子除了说"人生而有欲"（《礼论篇》）之外，还说"人生而有知"（《解蔽篇》）。他认为"涂之人也，皆有可以知仁义法正之质，皆有可以能仁义法正之具"（《性恶篇》）。又说："材性知能，君子、小人一也；好荣恶辱，好利恶害，是君子、小人之所同也。"（《荣辱篇》）知本于心，心生而有知，可见荀子和孟子一样，除了承认人的自然情欲是性外，还认为人的心知形能也是性。不过，荀子所着重的心是虚壹而静的清明心，而孟子所着重的心是仁义礼智的四端之心；荀子所讲的心知形能是智性的，而孟子所讲的良知良能则是德性的。孟子从人的道德意愿去把握人心，故可说孟子的心是仁心或德性心；荀子从人的认知能力去把握人心，故可说荀子的心是智心或知性心。

仁心与智心，都是人超越其形骸之私，从特殊的个体中解放出来而认识普遍的理的一种能力。智心大抵是通过外在的观察来把握客观事物的共相共理，仁心则是通过反省逆觉来体悟属于主体的同然理义或共同的价值理想。智心所把握的理既是外在的，也是静态的、理论的、价值中立的，其目的止于成就知识；仁心所把握的理则是主体的愿望和理想，这是动态的、实践的，人在知善知恶的同时，便要为善去恶，在知道我们的价值理想的同时，便要求实现它。因此，重视知类明统的智心与抱同情共感的仁心，虽然都是人异于禽兽的关键所在，但二者的功能却有不同。

从道德意愿去把握人心的孟子，是从动机去讲善的。人只要与物通情，推己及人，或怀抱着民胞物与、一视同仁的心情去处世接物，便可以说是善。但从认知能力去把握人心的荀子，目的不在于对万物的主观意愿寄予同情，而在于对万物的客观规律加以认识，因而所谓善，不能只就主观的意愿讲，而是必须从通过客观的认识建立起实践主观价值的正确途径或正确方法上讲。孟子讲善恶，是扣紧良知讲的。无为良知所不为，无欲良知所不欲，一切本着良知行事，不失其本心，便是善。反之，失其本心，昧其良知，为其所不为，欲其所不欲，便是恶。荀子则认为凡人都是欲其所欲、恶其所恶的，但不一定知道怎样做才能达到欲其所欲、恶其所恶的目的。因此他不感慨人的道德衰败，而感慨人的知识浅陋。《荣辱篇》云：

> 为尧、禹则常安荣，为桀、跖则常危辱；为尧、禹则常愉佚，为工匠、农、贾则常烦劳。然而人力为此而寡为彼，何也？曰：陋也。……今以夫先王之道，仁义之统，以相群居，以相持养，以相藩饰，以相安固耶？以夫桀、跖之道，是其为相县也，几直夫刍豢稻粱之县糟糠尔哉？然而人力为此而寡为彼，何也？曰：陋也。陋也者，天下之公患也，人之大殃大害也。

荀子于此，认为人之不为尧、禹而为桀、跖，不行先王之道、仁义之统而行桀、跖之道与危辱之事，并非由于他们不好安荣而好危辱，而是由于他们浅陋无知，虽好安荣而不知达至安荣的方法，虽恶危辱而不知免于沦于危辱的途径。因此，人不能循理直道，并非由于他没有好善疾恶之性，而是由于他不知道。《解蔽篇》说："心不可以不知道。心不知道，则不可道而可非道……心知道然后可道，可道然后能守道以禁非道。"这是荀子重视心的智性而不重视心的仁性的原因。

荀子对于人心的认识，本不限于智性。他也承认人有好善之性。《强国篇》说："人之所恶何也？曰：污漫、争夺、贪利是也。人之所好者何也？曰：礼义、辞让、忠信是也。"《性恶篇》更索性说："人之欲为善者，为性恶也。"可见人与生俱来便有欲为善之性。但由于孟、荀对善的定义不同，所以便有性善、性恶的分歧了。荀子所谓善，指礼义法度而言，扣紧客体讲，比较重视正理平治、群居和一的客观规范。《性恶篇》说："凡古今天下之所谓善者，正理平治也；所谓恶者，偏险悖乱也。是善恶之分也已。"可见荀子所谓善，不只是主观上有为善的意愿，还要通过心的计虑权衡找出能实现这些善良意愿的正确途径和达至正理平治的有效方法。在孟子看来，人只要有欲为善的心，有可以为善的能力，便可说人性是善。因此孟子就四端之心与良知良能说性善，谓："乃若其情，则可以为善矣，乃所谓善也。"（《孟子·告子上》）可见孟子所谓善，是就我们的主观情性、主观意愿和主观能力讲的，而不是就主观的意愿和能力的客观化与现实化讲的。

　　荀子虽然承认人之欲为善是与生俱来的性，但人在欲为善时，他所欲的善只是一个理想的存在，而非现实的存在，现实上显然没有善，因此荀子不但不说人性是善的，反而由此证明人性是恶的（实则至多只能证明人性不是善的）。荀子所谓善，不从主观的道德愿望讲，而从能使我们达到正理平治、群居和一的客观途径与现实效果上讲。故可说孟子重视主观的意志或目的，而荀子却重视客观的途径与效果。重视目的则重视树立主观的价值与理想，重视方法则重视建构客观的规范与法制。如果我们只讲主观的理想，而对我们的理想无所解说，或全不措意于如何实现这些理想，则我们的理想将只能退藏于密。荀子在《非十二子篇》中批评子思、孟轲"僻违而无类，幽隐而无说，闭约而无解"，即从子思、孟轲只重视主观的道德而忽略客观的知识立论。大抵荀子所谓善，不是指我们有为善的意愿及为善的能力。因为欲为善而不欲为恶，好礼义、辞让、忠信而恶污漫、争夺、贪利等道德意愿，在荀子看来，和好利疾恶、怀生畏死的自然情欲是一样的，都是生之所以然的性，其本身是无所谓善恶的。只有通过心的计虑权衡，使这些道德意愿或自然情欲合理化、客观化，才能说是善。故《正名篇》谓："离道而内自择，则不知祸福之所托。"由此可见出孟子和荀子的分歧不在于对人性有不同的认识，而在于对所谓善有不同的定义。更重要的是孟子比较重视道德主体，而荀子比较重视客观知识。

　　道德与知识，通常分属于两个不同的层次。道德所涉的是道德主体，处理应然的价值问题；在道德生活中，把一切对象都看成是价值主体，道德对象和道德主体是平等的，彼此应该同情和尊重。知识所涉的是认知主体，处理实然的事实问题；在认知过程中，把一切对象都看成是客观的、认知的和被动的存在，主体和客体是不平等的。因此道德与知识在理论上界域分明，各不相同，但在实际上，二者却有着不可分离的关系。

　　无论我们把道德主体理解为一种与天地万物通情的同体之爱也好，或进一步从人有同体之爱肯定一个万有根源的至善本体也好，当我们在做具体的道德判断时，都必然要落在特定对象或特定情境中。因为若要我们的道德判断在实际人生或客观世界中有真实的意义，必须对此特定对象或特定情境有相应的客观了解，否则，纵然同体之爱或至善本体本身是自足的，也不能成就在现实人生中能指导我们道德行为的道德判断。我们并不是说道德主体本身与知识问题不可分，而是说道德主体面对特定对象和特定情境做出具体的道德判断时，必须与知识发生关系。虽则知识和道德可能有共同的根源，同本于良知理性的昭明灵觉，但由于一以观照客观物理为对象，一以逆觉价值主体为能事，便使二者有了分野。因此，所谓见父自然知孝、见兄自然知悌，必须见父而知其为父，才有应该孝的道德判断；见兄而知其为兄，才有应该悌的道德判断。试想，如果我们无的放矢，或对父行慈，对子行孝，不是十分荒谬吗？因此，"性中……何尝有孝弟"（《朱子语类·卷第二十》）的话，实在不算错。人性中原来只有那昭明灵觉而已，孝悌等德目，只有对应着特定对象与特定情境才能产生，才有意义，离开特定对象与特定情境，如果我们还说人应该孝、应该悌、应该忠、应该信，那就变成难于索解的事了。

进一步说，道德不但在引发时要有了解客观情况的知识基础，而且在求实现我们的道德意愿时，也不能不涉及经验世界，与知识发生联系。也许有人以为道德生活中之一切尽其在我，自事其心，完全是内心世界的事，不必牵涉经验世界和客观知识，只要我们按照道德主体所发出的命令行事，我们的行为便是道德的，不必理会我们这样做在客观世界中的效果。我认为以上的想法，有加以澄清的必要。道德只对道德主体负责，这是不错的，但由此推论道德行为可以全不理会在客观世界中的效果，便值得商榷。因为一个真实的道德意愿，决不会在决定我们应该做什么之后，完全不理会去贯彻实现这个道德意愿的正确途径或有效方法的问题。道德主体在发命令之前，必须借助知识去了解客观情况，否则便是瞎指挥；当道德主体决定了我们应做什么之后，还要借助知识去找寻实践这个道德命令的正确途径与有效方法，否则我们只是个自了汉。道德实践不是可以自了的，它必须迈向客观世界；它不是要卷之退藏于密，而是要放之弥沦六合。因此必然要关涉到有关客观世界的知识。如果一个人一天到晚只想着应该亲亲、仁民、爱物，却从来不去想如何亲亲、仁民、爱物，则我们决不能说这个人有亲亲、仁民、爱物的德性。因为道德不能封闭在内心世界，也不能自足于内心世界，它必须求客观化，求有诸内则形诸外，求内外合一。故《易经》一面讲刚健中正之德，一面讲吉凶祸福之理，既要我们尽性至命，也要我们穷神知化，盛德与大业、内圣与外王是一起讲求的。

道德和知识在实际上存在关联，不等于不可以在理论上分成两个不同的层次。知识影响我们的，只是在我们决定应做什么之前，提供一些有关客观情况的消息；在我们决定应做什么之后，指示我们做的方法。但在我们获得一切知识后，仍不能决定我们应不应该做。虽然只有应该做的问题而没有如何做的问题的话，道德是无法实践、无法完成的，但应该做与如何做，到底是不同的两回事。在应该做的领域内，即就道德之为道德的本身而言，或即就义之所从出而言，是与客观知识无关的。故义内之说，还是必须承认的。

我们说道德不能自足，不是说在理论上及本质上道德有待于外，而是说在实际上及外缘上道德有赖于知识去引发与完成。这里所谓完成，不是从效果及功用上说的，道德意愿的完成不能以成败论。但所谓不以成败论，亦非完全不关怀成败。

如果一个人一天到晚发出许多道德命令,却从来不想如何去做才能实践他的道德命令的话,这个人便是个不负责任的人,也是个不诚恳的人,所以,不能说他是个道德的人。但所谓关怀成败,又不是以成败论定,究竟是什么意思呢?意思是道德实践不能没有对其成败的关怀。因为一个道德的人,既然有某种道德意愿并要在客观世界中把它实现出来,便当贯彻始终,尽一切心力去求其实现。既然实现道德价值于客观世界中必然要涉及许多有关客观世界的知识,则作为一个真心实意的人,便当努力探求各种知识,以便寻找出正确的途径与有效的方法,以求成功地实现那个道德理想。不如此,便不能说是道德的。但一个真心实意的人,虽然尽了一切努力去探求种种知识,亦未必能寻找出一条正确的途径与有效的方法,因为人类的知识永远在进展之中,我们此时认为正确有效的,在彼时未必如此,因此这种努力,亦只能尽其在我。

但所谓尽其在我,不单是道德实践上的事,也是客观认知上的事。道德不能止于自事其心,即使自事其心,道德的心灵也应当向知识世界通出去,尽力探求客观世界的知识,建立实现我们道德意愿的有效方法,我们的道德心灵才能安。

一般人很容易认为荀子是个实用主义者或效果主义者,其实不然。荀子比孟子更重视实效,这是对的,但他所重视的实效不是寡头的,而是在道德价值、道德理想之下的实效。凡违背了道德的价值理想,便无所谓正确的途径与有效的方法,因此他在《正名篇》中反对己为物役,而主张重己役物;《修身篇》也说君子役物,小人役于物。在《劝学篇》中,他认为一个理想的人格,应有"权利不能倾""群众不能移""天下不能荡""生乎由是,死乎由是"的道德操守。《荣辱篇》更谓士君子之勇是"义之所在,不倾于权,不顾于利,举国而与之不为改视,重死持义而不挠"。像这样一个不倾于权、不顾于利、唯仁之为守、唯义之为行、以法胜私、守死善道的人,又岂是实用主义者或效果主义者所能相提并论的呢?然而,荀子虽要我们诚心守仁、诚心行义,但他所谓的仁义,是积思虑、习伪故产生出来的,其中含有客观知识的因素,不完全是主观的理想。而且他要我们慎独致诚,是要我们对这由积伪所生的义理仁道"长迁而不反其初"(《不苟篇》),这和孟子言诚言义便有性伪内外之别。尽管荀子认为善是伪的,但他到底要我们忠于善道而非忠于权、利,以德操为重而非以功效为重。这是荀子不失为大儒的地方。不过荀子要我们守的善道和德操,是个主客兼备的内外合一之道,尽管我们的知识永远在进展之中,但道德并不能因此只求自事其心,退藏于密,而应当联系客观世界的知识,以求得实现我们道德意愿的正确方法与有效途径。至于在尽人事以后依然有客观的限制,这是一切有限存在所无可奈何的事,故人尽性以后,便要知命。所谓知命,不是听天由命的意思,而是一切循理直道,不求急功近利的意思。孔子知其不可为而为之的精神,应该这样去理解。

但我们说道德不能自事其心,退藏于密,必须关怀客观世界的知识,这话是需要补充的。中国文化重德而不重智,即使荀子也没有超出这个范围。荀学的目的,并非在于求取宇宙人生的客观知识,建立起种种纯智性的知识理论。荀学的精神依然是道德的，其目的在于建立一个"耳目聪明，血气和平，移风易俗，天下皆宁"（《乐论篇》）的世界。因此他反对我们对知识做无止境的追求。《修身篇》云：

> 夫坚白、同异、有厚无厚之察，非不察也，然而君子不辩，止之也；倚魁之行，非不难也，然而君子不行，止之也。

《儒效篇》云：

> 君子之所谓贤者，非能遍能人之所能之谓也；君子之所谓知者，非能遍知人之所知之谓也；君子之所谓辩者，非能遍辩人之所辩之谓也；君子之所谓察者，非能遍察人之所察之谓也：有所止矣。

《解蔽篇》云：

> 凡以知，人之性也；可以知，物之理也。以可以知人之性，求可以知物之理而无所疑止之，则没世穷年不能遍也。其所以贯理焉虽亿万，已不足以浃万物之变，与愚者若一。学，老身长子而与愚者若一，犹不知错，夫是之谓妄人。故学也者，固学止之也。恶乎止之？曰：止诸至足。曷谓至足？曰：圣也。圣也者，尽伦者也；王也者，尽制者也；两尽者，足以为天下极矣。

从以上三节中可以看出荀子并不赞成知性活动无所定止。《不苟篇》云："君子行不贵苟难，说不贵苟察，名不贵苟传，唯其当之为贵。"然则怎样才算是"当"呢？《不苟篇》中认为是礼义，《解蔽篇》中则认为是圣王。礼义与圣王都是至足至善的，因此荀子要我们"止诸至足"，这和《大学》叫我们"止于至善"是一个意思。按照荀子的标准，学者应该以知礼达义、尽伦尽制为目的，若漫无目的地为知识而求知识，或苛察缴绕，使人不得反其意，专决于名而失人情，便可能是一个与愚者若一的妄人。这种观点，与西方重智的文化系统显然有着基本上的分歧。所以荀子的重智精神，依然属于重德的文化系统。

现在我们不妨举一个例子，说明道德与知识的关系。比方你的朋友丁君在甲城患了病。当时甲城有三位医生，陈医生是最好的，李医生次之，张医生是最差的。当时你的良知认为站在朋友的道义上，应该请医生治疗丁君，而且你在做道德的抉择时，也顺从了良知的命令。但你当时的知识，只知道有一位张医生。你请张医生治疗丁君，结果是丁君竟为药石所误而死。在这个例子上，如果我们根据行为的效果去评断行为是否合道德的话，便会说你的行为是不道德的。但儒家不是效果主义者，决不会这样去评判。道德只能对良知负责，只要我们按照良知去办事，便是道德的。但我们若真要按照良知去办事，便要涉及客观世界的知识。应该请医生，这是良知的决定，但请哪一位医生，却是由知识决定的。如果你当时知道李医生比张医生更好，你便会请李医生；如果你知道陈医生最好，你便会请陈医生。但由于道德只能扣紧主体讲，因此我们只能就你当时的知识程度来评判。但即使如此，儒家也不鼓励人做无知无识的老好人，仁且智，才配做圣人，愚忠愚孝、妇人之仁都不能说是理想的道德。道德虽然最终要归本于道德主体，但使道德完全与客观世界的知识割裂开来，这也是道德理性的明觉所不容的，更是道德心所不能自安的。因此，在实际的道德生活中，我们是不能把道德和知识割裂开来的。

以上我们说明了在实际生活中知识与道德的不可分割性。因此心的智性与仁性同样重要，只是仁者见之谓之仁，智者见之谓之智，各有偏重而已。既然如此，孟、荀之学实可互相补足，而非互相矛盾，合之则两美，离之则两伤。中国文化既以道德性为主，便当以孟学为经，荀学为纬，走上仁智兼善的健康道路。不幸在中国历史上，孟、荀的思想常被认为可离而不可合，使儒学的发展产生偏枯之象，这真是一件遗憾的事。

荀子所谓性，既然和孟子一样，包括了人欲与人心，那么荀子的性恶论是怎样讲的呢？一般人以为荀子论性限于自然情欲，因此认为荀子所谓性恶是指人的自然情欲本身是恶的。这样理解荀子的性恶论是不对的。《礼论篇》云：

> 礼起于何也？曰：人生而有欲，欲而不得，则不能无求，求而无度量分界，则不能不争。争则乱，乱则穷。先王恶其乱也，故制礼义以分之，以养人之欲，给人之求，使欲必不穷乎物，物必不屈于欲，两者相持而长，是礼之所起也。故礼者，养也。刍豢稻粱，五味调香，所以养口也；椒兰芬苾，所以养鼻也；雕琢、刻镂、黼黻、文章，所以养目也；钟鼓、管磬、琴瑟、竽笙，所以养耳也；疏房、檖䆧、越席、床笫、几筵，所以养体也。故礼者，养也。

人有耳目口鼻及四肢之欲。耳求声，目求色，口求味，鼻求香，四肢求安逸。对于这些自然情欲，荀子不但没有加以否定，反而认为先王制礼的主要作用在于养人之欲，给人之求。以"刍豢稻粱"养人之口，以"椒兰芬苾"养人之鼻，以"雕琢、刻镂"养人之目，以"钟鼓、管磬"养人之耳，以"床笫、几筵"养人之四体，并且要使"欲必不穷乎物，物必不屈于欲"，达至"两者相持而长"的目的，可见荀子并不认为自然情欲本身是恶的。礼在荀子的系统中是善的，如果说善的礼目的在于长养供给人的恶性，便很荒谬了。

为了进一步说明荀子不以自然情欲本身为恶，我们可以再看看《正名篇》。《正名篇》有一段很精彩的文字，讨论欲望在人类文化中的地位。荀子认为人生而有欲，而且欲多而不欲寡。人的情欲，本于天性，有欲则生，无欲则死；多欲则喜，寡欲则悲。故有欲无欲只关乎生死，无关乎治乱。无欲、寡欲不必治，有欲、多欲不必乱。故为治不必鄙薄情欲，相反，荀子还要我们在可能的范围内应尽量满足人的自然情欲。《正名篇》云：

> 故虽为守门，欲不可去，性之具也。虽为天子，欲不可尽。欲虽不可尽，可以近尽也；欲虽不可去，求可节也。所欲虽不可尽，求者犹近尽；欲虽不可去，所求不得，虑者欲节求也。道者，进则近尽，退则节求，天下莫之若也。

荀子认为求欲望满足之道，"进则近尽，退则节求"，自然情欲虽然有时还是当加以节制，但节制只是由于"所求不得"，并不是因为自然情欲本身是恶的。荀子绝没有禁欲、寡欲或以自然情欲本身为恶的意思,否则为什么他说"道者,进则近尽"呢?当然,荀子积极地肯定人的自然情欲,可以有另外的理由。比如《富国篇》说"上得天时,下得地利,中得人和,则财货浑浑如泉源,汸汸如河海,暴暴如丘山,不时焚烧,无所藏之。夫天下何患乎不足也?"便是其中的一个理由。但无论如何,荀子不以自然情欲为恶,也是原因之一。

荀子既然不以自然情欲本身为恶,那么他所谓的性恶是怎样讲的呢?《性恶篇》云:

> 今人之性,生而有好利焉,顺是,故争夺生而辞让亡焉;生而有疾恶焉,顺是,故残贼生而忠信亡焉;生而有耳目之欲,有好声色焉,顺是,故淫乱生而礼义文理亡焉。然则从人之性,顺人之情,必出于争夺,合于犯分乱理而归于暴,故必将有师法之化,礼义之道,然后出于辞让,合于文理,而归于治。用此观之,然则人之性恶明矣,其善者伪也。

荀子所谓善指正理平治而言,所谓恶指偏险悖乱而言,故荀子在这段文字中所谓的性恶,并不是说人的好利疾恶之情、耳目声色之欲本身是恶,也不是说随顺放纵人的自然情欲便是恶,而只是说随顺放纵人的自然情欲至于犯分乱理而归于暴的时候才是恶。如果我们尽量满足人的自然情欲而不至于犯分乱理的话,那还不能说是恶的。故恶是从善的分理中反显出来的,没有分理,即无所谓犯分乱理,因而也无所谓恶。没有辞让、忠信、礼义、文理,即无所谓争夺残贼与淫乱,因而好利疾恶之情、耳目声色之欲也无所谓恶。

由此可知，荀子只是将自然情欲当作一个自然的事实来处理，它本身是价值中立的，无所谓善，也无所谓恶。但由于人生而有欲，有欲则生，无欲则死，因此在合理的范围内，荀子还是主张尽量去满足人的情欲，但这并不等于说情欲的满足本身是善的。荀子绝不是情欲主义者、快乐主义者，也不是自然主义者，因为荀子既不主张情欲至上、快乐至上，也不主张放任自然。荀子全书的精神，是要我们的自然情欲合理化。

然则我们的行为如何才能合理合道呢？荀子认为只有心才能知道，因此我们的行为应当依从心而不应当依从欲，这是荀学的精神所在。《正名篇》云：

> 欲不待可得，而求者从所可。欲不待可得，所受乎天也；求者从所可，受乎心也。所受乎天之一欲，制于所受乎心之多，固难类所受乎天也。人之所欲，生甚矣，人之所恶，死甚矣，然而人有从生成死者，非不欲生而欲死也，不可以生而可以死也。故欲过之而动不及，心止之也。心之所可中理，则欲虽多，奚伤于治！欲不及而动过之，心使之也。心之所可失理，则欲虽寡，奚止于乱！故治乱在于心之所可，亡于情之所欲。

人与生俱来有种种欲望与目的，追求这些欲望与目的的实现，大体是一致的。但要达到这些愿望与目的，心便要有种种计虑权衡，以求建立正确的方法与有效的途径。由于心的计虑权衡的结果往往与我们原来的欲望和目的不同，因此我们的行为便千差万别，不再与所受乎天的一欲相类了。人之所欲以生为甚，人之所恶以死为甚，但一经过心的计虑权衡，便可以叫我们从生成死。人的行动不及情欲，是心制止的缘故；人的行动超过情欲，是心使令的缘故。可见心和欲可以有很大的距离。治乱既在于心，故荀子认为人生的主宰是心。《解蔽篇》云：

> 心者，形之君也，而神明之主也，出令而无所受令。自禁也，自使也，自夺也，自取也，自行也，自止也。故口可劫而使墨云，形可劫而使诎申，心不可劫而使易意，是之则受，非之则辞。

荀子这一段文字，使很多人感到迷惑。因为荀子的心既然是形之君、神明之主，出令而无所受令，一切自作主宰，则与孟子的道德心有什么不同呢？我们可以说，荀子的心偏重智性一面，心是通过计虑权衡才发号施令的。所谓自禁、自使、自夺、自取、自行、自止，并不是要我们依从主观的道德愿望行事，而是要我们依从在道德主体面对特定的情况时，经过心的计虑权衡所做出的具体地指导我们行为的礼义法度行事。《不苟篇》云：

> 欲恶取舍之权：见其可欲也，则必前后虑其可恶也者；见其可利也，则必前后虑其可害也者；而兼权之，孰计之，然后定其欲恶取舍。如是，则常不失陷矣。凡人之患，偏伤之也。见其可欲也，则不虑其可恶也者；见其可利也，则不顾其可害也者。是以动则必陷，为则必辱，是偏伤之患也。

《荣辱篇》云：

人之情，食欲有刍豢，衣欲有文绣，行欲有舆马，又欲夫余财蓄积之富也，然而穷年累世不知不足，是人之情也。今人之生也，方知畜鸡狗猪彘，又畜牛羊，然而食不敢有酒肉；余刀布，有囷窌，然而衣不敢有丝帛；约者有筐箧之藏，然而行不敢有舆马。是何也？非不欲也，几不长虑顾后而恐无以继之故也。于是又节用御欲，收敛畜藏以继之也，是于己长虑顾后，几不甚善矣哉！今夫偷生浅知之属，曾此而不知也，粮食大侈，不顾其后，俄则屈安穷矣，是其所以不免于冻饿，操瓢囊为沟壑中瘠者也。况夫先王之道，仁义之统，《诗》《书》《礼》《乐》之分乎！彼固天下之大虑也，将为天下生民之属长虑顾后而保万世也。

荀子把先王之道、仁义之统说成是为天下生民之属长虑顾后而保万世的大虑，因此他所谓道，就是计虑权衡的结果。《解蔽篇》说："何谓衡？曰：道。"《正名篇》说："道者，古今之正权也。"道既出于心的计虑权衡，何以我们不说心是善的呢？如果心是善的，我们的性应该也是善的了。但荀子虽认为善出于心的计虑权衡，却不认为心本身是善的。因为善的礼义法度只是心的计虑权衡的结果，而心的计虑权衡的结果就是伪，因此礼义法度也是伪的。这是了解荀子善伪论的关键所在。《正名篇》云：

生之所以然者谓之性。性之和所生，精合感应，不事而自然谓之性。性之好、恶、喜、怒、哀、乐谓之情。情然而心为之择谓之虑，心虑而能为之动谓之伪，虑积焉、能习焉而后成谓之伪。

人非完全随顺本能生活的动物,当我们的情欲萌动时,我们究竟是应随顺它,还是应禁制它,便要做出抉择。心为情欲做抉择,便叫作虑。虑的结果往往违背我们的情性,即使不违背我们的情性,也要得到心的认可,所以一切善都是伪。《性恶篇》云:

> 圣人积思虑,习伪故,以生礼义而起法度。然则礼义法度者,是生于圣人之伪,非故生于人之性也。

既然善是心的计虑权衡的结果,那么心的计虑权衡如何才能中理合道呢?心不是凭空去计虑权衡的,它首先要学至全尽,还要知类明统,做到"苟仁义之类也,虽在鸟兽之中,若别白黑,倚物怪变,所未尝闻也,所未尝见也,卒然起一方,则举统类而应之,无所儗怍,张法而度之,则晻然若合符节"(《儒效篇》)的地步。否则,百发失一,不足谓善射;伦类不通,仁义不一,不足谓善学。故荀子固然很重视闻见等经验,但他更重视"总方略,齐言行,一统类"(《非十二子篇》)等总、齐、一的理性活动。学习不但是经验的事,也是理性的事,人不但要诵数以贯之,还要思索以通之,为其人以处之。故《不苟篇》说:

> 千人万人之情,一人之情是也;天地始者,今日是也;百王之道,后王是也。君子审后王之道而论于百王之前,若端拜而议。推礼义之统,分是非之分,总天下之要,治海内之众,若使一人。故操弥约而事弥大。五寸之

矩，尽天下之方也。故君子不下室堂而海内之情举积此者，则操术然也。

《非相篇》又说：

欲观千岁则数今日，欲知亿万则审一二，欲知上世则审周道，欲知周道则审其人所贵君子。故曰：以近知远，以一知万，以微知明。此之谓也……圣人者，以己度者也，故以人度人，以情度情，以类度类，以说度功，以道观尽，古今一度也。类不悖，虽久同理。

人在经验学习之中，不但要学至全尽，还须知类明统，把握事物之共理，加以推度，如是则五寸之矩，可以尽天下之方。若妄人者，"愚而无说，陋而无度"（《非相篇》），一味靠闻见与记诵，则末世穷年也不免做一个闻见杂博、乖谬不纯的陋儒，这是绝不能制礼义而起法度的。

人心之所可中理合道，必须有经验的知识与理性的推度，这已经是后天人为之伪，而不是先天自然之性了。何况我们要能清明察物，见理不偏，还要有心的修养的工夫。《解蔽篇》谓：人心要做到"不以所已臧害所将受"，"不以夫一害此一"，"不以梦剧乱知"，便要虚壹而静。而治心之道，在能由人心之危进于道心之微，达至无为无强、恭敬和乐的境地。故道虽然不是心所知的对象，不是外在现成的东西，而是要心的计虑权衡才能照察出来的，但也不能说这个道完全是内心所本有的，因为它有待于学至全尽与知类明统，学至全尽与知类明统又有待于我们修养此心成为虚壹而静的大清明心与无为无强、恭敬和乐的道心。而且所谓先王之道、仁义之统，是为天下生民之属长虑顾后而保万世的大虑,可见这个道不是生而自然的,而是事而后成的。不过,道既然不完全是外在现成的东西,则主观性和主体性的重要性还是被肯定的。而且,虑本身虽有待于知识,但我们为什么要关怀天下生民之属,要为天下生民之属去长虑顾后呢?这应该更是个主体性的问题,是一个与知识问题无关的道德问题。人有欲为善之性,这一点荀子是承认的,但他把人的道德意愿和自然情欲都视作价值中立的本始材朴之性,到底太过轻视了道德主体。人如果在道德自觉上提不起、定不住,变成理智主义或功利主义,则知识不但流于支离破碎,而且也可以横决成一种祸害。这虽然不是荀子的本意,却是荀学容易导致的流弊。反之,如果我们只讲道德而忽视了客观知识,则道德只能封闭在内心世界中,不能成就盛德大业,这虽然不是孟子的本意,但也是孟学容易导致的流弊。因此,为了树立人生文化的价值理想,孟子的性善论是必须加以肯定的;为了找出实现人生文化价值理想的正确途径与有效方法,荀子强调知识问题的善伪论也是应当加以尊重的。

第四章　荀子言"心可以知道"释疑[*]

《尧问篇》谓荀子怀大圣之心,其遗言余教,孔子弗过;只因迫于乱世,遒于严刑,上无贤主,下遇暴秦,因而名声不白,光辉不博。然而,荀子之学渊懿博玮,在秦汉之际,有韩非、李斯为其弟子,董仲舒、王充为其流亚,而《大学》《中庸》《易传》《礼记》皆深受其影响,亦不可谓光辉不博。唯汉文帝列《孟子》于学官,立博士传授,推崇有加;以荀子与孟子持义有别,不与《孟子》同列。扬孟抑荀,乃自此始。至宋明理学兴起,扬孟抑荀之风尤烈,遂使荀学声沉影寂,不复为儒者所重。

孔子仁智兼备,孟、荀皆推尊孔子,皆以成就内圣外王为目的。唯孟子偏于仁,荀子偏于智。苟能以此所长,补彼所短,必能使儒学获致充实而饱满之发展。今将荀学视同异端,使儒学于重智一面有所偏废,实为中国文化中之一大憾事。

扬孟抑荀之风,缘于孟子道性善,荀子道性恶。学者不求甚解,误以两家之说如水火之不相容。如欲和会两家,使之合

---

[*] 原载《新亚学报》第22卷,2003年10月。

流，共赴大海，则必须对荀子性恶之说排难解纷。作者在《荀学述要》、《荀学价值根源问题的探讨》及《荀子善伪论所展示的知识问题》诸文中，曾对其有所疏解。今再就荀子言心与道之关系申述如下。

孟子论性善，认为人有良知良能。良知知善知恶，良能为善去恶。性善是就人有可以为善的先天根据而言的，故《孟子·告子上》云："乃若其情，则可以为善矣，乃所谓善也。"荀子言性恶，认为人性中没有与生俱来之善，也没有与生俱来之恶。《性恶篇》所谓"恶"，是指"争夺生而辞让亡""残贼生而忠信亡""淫乱生而礼义文理亡"而言。但这些"恶"不是与生俱来的，而是人在后天一味顺任好利、疾恶、好声色等情欲时，才有这些"恶"。人有好利之性，不等于只有好利之性，正如人有情欲，不等于没有心知一样。《荀子》一书中清楚地说明了人有好利之性外，亦有好义欲善之性。今引述如下：

《大略篇》云："义与利者，人之所两有也。"

《性恶篇》云："凡人之欲为善者，为性恶也。"

《强国篇》云："人之所恶何也？曰：污漫、争夺、贪利是也。人之所好者何也？曰：礼义、辞让、忠信是也。"

《王制篇》云："水火有气而无生，草木有生而无知，禽兽有知而无义，人有气、有生、有知，亦且有义，故最为天下贵也。"

《非相篇》云："人之所以为人者，非特以其二足而无毛也，以其有辨也……辨莫大于分，分莫大于礼，礼莫大于圣王。"

荀子既然要以"人之欲为善"证明性恶,则"人之欲为善"必然是与生俱来的、普遍而必然的性。"辨"既然是通向礼、分与圣王的根据,则这个"辨"必然不只能辨物,而同时也能辨义;不只能分辨知识,也能分辨道德。在《性恶篇》中,荀子还说人是有可以为善的先天根据的。他说:

> "涂之人可以为禹",曷谓也?曰:凡禹之所以为禹者,以其为仁义法正也。然则仁义法正有可知可能之理。然而涂之人也,皆有可以知仁义法正之质,皆有可以能仁义法正之具,然则其可以为禹明矣……今使涂之人伏术为学,专心一志,思索孰察,加日县久,积善而不息,则通于神明,参于天地矣。故圣人者,人之所积而致也。

途之人皆有的"可以知仁义法正之质",此即与生俱来之良知;途之人皆有的"可以能仁义法正之具",此即与生俱来的良能。人皆有良知良能,又有好义欲善之性,则其对人性的了解,与孟子无异。为什么荀子依然不主性善,而说"其善者伪也"呢?究竟孟、荀的人性论不同在哪里呢?

其实孟、荀的差别不在于人性的内容,而在于对性伪善恶的定义。孟子认为人有仁义礼智之端,有可以为善的良知良能,便可以说性善。但荀子认为仁义礼智之端,只是道德主体的道德意识,而不是能达至正理平治、群居和一的客观善道。荀子所谓善,是偏重客观的实效说的。《性恶篇》谓:"凡古今天下之所谓善者,正理平治也;所谓恶者,偏险悖乱也。是善恶之分也已。"因此荀子不因肯定人有欲善好义和"可以知仁义法正之质"与"可以能仁义法正之具"而说人性善。至于孟、荀对性伪定义之分歧,在孟子认为人本着仁义礼智之端和良知良能所做的一切存养扩充的工夫,都可以说是性。故告子谓性犹杞柳、义犹桮棬时,孟子即诘问:"子能顺杞柳之性而以为桮棬乎,将戕贼杞柳而后以为桮棬也?如将戕贼杞柳而以为桮棬,则亦将戕贼人以为仁义与?"(《孟子·告子上》)孟子认为我们只能顺杞柳之性而为桮棬,顺人性而为仁义。顺其本性而为,亦即其本性。这和荀子所言之性伪显然有别。荀子认为"不可学、不可事而在天者谓之性,可学而能、可事而成之在人者谓之伪"(《性恶篇》)。一切后天存养扩充的人为努力,荀子都认为是伪。荀子不以先天的性是善,又不以后天成就的善是性,这是孟、荀分歧的关键。

荀子不从人有可以为善的先天根据说性善,还因他有能与不能和可与不可的分别。《性恶篇》云:

"圣可积而致,然而皆不可积,何也?"曰:"可以而不可使也。故小人可以为君子而不肯为君子,君子可以为小人而不肯为小人。小人、君子者,未尝不可以相为也,然而不相为者,可以而不可使也。故涂之人可以为禹,则然;涂之人能为禹,未必然也。虽不能为禹,无害可以为禹……然则能不能之与可不可,其不同远矣,其不可以相为明矣。"

以今天"可能"与"现实"两个相反词而言,荀子所谓"可以",相当于我们所谓"可能";而荀子所谓"能"与"可使",相当于我们所谓"现实"。人虽然可以为善,但不必能为善，因为人有了可以为善的先天根据后，还要"伏术为学，专心一志，思索孰察，加日县久，积善而不息"（《性恶篇》），才能达至圣人的境地，才能建构礼义法度等客观的善道。

一般人认为荀子既主张性恶，推论人性中不可能有善的根源，因此荀子所言的善道，完全不能说明其所从来。于是强作解人，谓作为学习对象的师法之化、礼义之道是历史文化遗留下来的产物，但经不起这些产物最初从何而来的诘问。又说这些善道原是些先天地生的形上实在，正如柏拉图的观念世界一样。但荀子明明说所谓礼义之道，是由圣人产生的。《性恶篇》一则说："圣人积思虑，习伪故，以生礼义而起法度。"再则说："圣人化性而起伪，伪起而生礼义，礼义生而制法度。然则礼义法度者，是圣人之所生也。"这又怎能说善道是先天地生的形上实在呢？

然则圣人是怎样制礼义而起法度的呢？这些善道又是怎样产生的呢？现在我们先看看荀子所谓道是指何物。

荀子所谓道是由人建构出来的人道。所以《礼论篇》说："礼者，人道之极也。"《乐论篇》说："礼乐之统，管乎人心矣。"《儒效篇》更说："道者，非天之道，非地之道，人之所以道也，君子之所道也。"

这个道是怎样建构起来的？建构这个道的目的是什么？《正名篇》说："道也者，治之经理也。"《荣辱篇》云："夫先王之道，仁义之统，《诗》《书》《礼》《乐》之分乎！彼固天下之大虑也，将为天下生民之属长虑顾后而保万世也。"由此可知，荀子所谓道，是治道，是"为天下生民之属长虑顾后而保万世"之道。它是天下的大虑，是长虑顾后的产物。"虑"就是计虑权衡、深思熟虑，这是心做出抉择前的主要功能。《正名篇》云："情然而心为之择谓之虑。心虑而能为之动谓之伪。虑积焉、能习焉而后成谓之伪。"荀子说善是伪，则心之虑就是伪。虑若不是伪，则"虑积焉"也不可能是伪。人在"能为之动"之前，必先由心计虑权衡，做出抉择。禽兽的行为则完全受本能冲动和刺激反应所支配，没有抉择的自由，没有心的计虑，所以禽兽的行为无所谓善恶，也无道德责任可言。

"心为之择"，并不是"离道而内自择"。荀子在《非十二子篇》中批评子思、孟轲"僻违而无类，幽隐而无说，闭约而无解"，大概就是说他们离道而内自择。然则怎样才是合道的抉择呢？这首先便要有广博的知识，学至全尽。所谓"百发失一，不足谓善射；千里蹞步不至，不足谓善御；伦类不通，仁义不一，不足谓善学。学也者，固学一之也。一出焉，一入焉，涂巷之人也。其善者少，不善者多，桀、纣、盗跖也。全之尽之，然后学者也"（《劝学篇》）。学不但要全之尽之，还要通伦类、一仁义、知类明统。要有蚂蚁式的知识，即善于采集；也要有蜘蛛式的知识，即善于从肚中吐丝。然后将天下之万事万理，铺陈于我们可以知道之心之前。因而道是融会知识与道德的产物，相当于蜜蜂式的知识，既采集，又整理。

然而，荀子所谓学至全尽，并不是泛滥无归，如朱子所谓"即凡天下之物，莫不因其已知之理而益穷之，以求至乎其极"（《四书章句集注·大学章句》），而是要学有所止。《修身篇》曰：

> 夫坚白、同异、有厚无厚之察,非不察也,然而君子不辩,止之也;倚魁之行,非不难也,然而君子不行,止之也。

《解蔽篇》云:

> 凡以知,人之性也;可以知,物之理也。以可以知人之性,求可以知物之理而无所疑止之,则没世穷年不能遍也。其所以贯理焉虽亿万,已不足以浃万物之变,与愚者若一。学,老身长子而与愚者若一,犹不知错,夫是之谓妄人。故学也者,固学止之也。恶乎止之?曰:止诸至足。曷谓至足?曰:圣王。圣也者,尽伦者也;王也者,尽制者也;两尽者,足以为天下极矣。

由此可见,荀子所谓之智性活动,还是受德性所规范的。心的计虑权衡,不只是要计虑得失、权衡利害,也要计虑道义、权衡善恶。不但学要止诸至足,虑也要止诸至足,这样才能建构出一个去祸得福的道来。故《正名篇》云:

> 人无动而不可以不与权俱……权不正,则祸托于欲而人以为福,福托于恶而人以为祸,此亦人所以惑于祸福也。道者,古今之正权也,离道而内自择,则不知祸福之所托。

以上我们说明了荀子所谓的道,以下我们便要说荀子所谓的心。

《正名篇》说:"心也者,道之工宰也。"《解蔽篇》云:"心不可以不知道……心知道然后可道,可道然后能守道以禁非道。"故道是由心主宰建构的。心的知道有认知的意义。心的可道、守道以禁非道则显示出心有它的价值意识，能够知善知恶，而且有道德意志，能够为善去恶。然则我们的心是如何知道的呢？《解蔽篇》云：

> 人何以知道？曰：心。心何以知？曰：虚壹而静……虚壹而静，谓之大清明。

荀子言心，虽有欲善好义之性，但其重点则落在清明鉴物的智心上。这个心，应而能藏，却能"不以所已臧害所将受"；这个心又能同时兼知不同的对象，但却能"不以夫一害此一"；人心虽有梦剧之扰动，却能"不以梦剧乱知"（《解蔽篇》）。这个虚壹而静的大清明心，如"正错而勿动"的"盘水"，可以照察一切。心只有能照察大理而无偏伤之患、蔽塞之祸，才能知道。故《荣辱篇》云：

> 为尧、禹则常安荣，为桀、跖则常危辱……然而人力为此而寡为彼，何也？曰：陋也……陋也者，天下之公患也，人之大殃大害也。

《不苟篇》云：

> 凡人之患，偏伤之也。见其可欲也，则不虑其可恶也者；见其可利也，则不顾其可害也者。是以动则必陷，为则必辱，是偏伤之患也。

《解蔽篇》云：

> 凡人之患，蔽于一曲而暗于大理……乱国之君，乱家

之人，此其诚心莫不求正而以自为也，妒缪于道而人诱其所迨也……欲为蔽，恶为蔽，始为蔽，终为蔽，远为蔽，近为蔽，博为蔽，浅为蔽，古为蔽，今为蔽。凡万物异则莫不相为蔽，此心术之公患也……圣人知心术之患，见蔽塞之祸，故无欲无恶，无始无终，无近无远，无博无浅，无古无今，兼陈万物而中悬衡焉，是故众异不得相蔽以乱其伦也。

人都是求安乐、避危辱，不想国之乱、家之败的，可见人的主观愿望都是好的。但由于知识浅陋，"蔽于一曲而暗于大理"，结果"动则必陷，为则必辱"。所以荀子要我们学至全尽、兼陈万物，但又不为万物之异所蔽。人要做到"众异不得相蔽以乱其伦"，则心除了清明鉴物之外，仍要能计虑权衡，做出正确的判断。故以衡为道，以道为古今之正权。但心要由计虑权衡而知道，再由知道而可道、守道以禁非道，则心决不能只是个清明鉴物的智心。照业师唐君毅先生的说法，这至少也是个意志行为的心。《解蔽篇》云：

心者，形之君也，而神明之主也，出令而无所受令。自禁也，自使也，自夺也，自取也，自行也，自止也。故口可劫而使墨云，形可劫而使诎申，心不可劫而使易意，是之则受，非之则辞。故曰：心容，其择也无禁，必自见，其物也杂博，其情之至也不贰。

这个自由自主的心，不但是个意志行为的心，同时也是个有价值意识、道德意识的心。它不但是个智心，也是个仁心。但就荀子重视解蔽、防陋而言，心的主要功能仍在智性上。因为只有丰富而确当的知识，才能建构出一个能为天下生民保万世的道。

但是，荀子这个可以知道的心并不一定能知道，正如可以为善的性并不就是善一样。心要知道，仍然有许多养心和治心的工夫。因为人心有君子之心与小人之心之别，又有用心一和用心躁之别，故曰："君子大心则敬天而道，小心则畏义而节……小人则不然，大心则慢而暴，小心则淫而倾。"(《不苟篇》)"蚓无爪牙之利，筋骨之强，上食埃土，下饮黄泉，用心一也。蟹六跪而二螯，非蛇鳝之穴无可寄托者，用心躁也。"(《劝学篇》)因此，心要建构出一个"进则近尽，退则节求"(《正名篇》)的道，必须危微精一、计虑周详、权衡允当。于是荀子特有后天的治心、养心工夫。

荀子引道经云："人心之危，道心之微。"(《解蔽篇》)"危"有警觉戒备的意思，"微"则指达至恭敬和乐的境界。故曰："处一危之，其荣满侧；养一之微，荣矣而未知……危微之几，惟明君子而后能知之。"(《解蔽篇》)心怎样才能修养到微的境界呢？在达到微的境界之前，有强、忍、危三个阶段。《解蔽篇》云：

> 孟子恶败而出妻，可谓能自强矣，未及忍也。有子恶卧而焠掌，可谓能自忍矣，未及危也。辟耳目之欲，而远蚊虻之声，可谓危矣，未可谓微也。夫微者至人也。至人也，何强、何忍、何危？……故仁者之行道也，无为也；圣人之行道也，无强也。仁者之思也恭，圣人之思也乐，此治心之道也。

《解蔽篇》中的这段文字，颇有错简，今按己意调整如上。人在用心行道时，起初要用强，与外物不妥协；然后要用忍，使自己坚忍不屈；之后便要提高警觉，戒慎恐惧，操心也危，虑患也深；最后才到达无为无强、恭敬和乐的境界。人治心至危微精一，才能达至大人的境界。《解蔽篇》云：

> 万物莫形而不见，莫见而不论，莫论而失位。坐于室而见四海，处于今而论久远，疏观万物而知其情，参稽治乱而通其度，经纬天地而材官万物，制割大理而宇宙里矣。恢恢广广，孰知其极！睾睾广广，孰知其德！涫涫纷纷，孰知其形！明参日月，大满八极，夫是之谓大人。夫恶有蔽矣哉！

由上可知，欲本身并不恶，纵容欲不受心的节制才恶。心本身并非善，修治此心使能权衡得宜、可否中理才是善。故《正名篇》云：

> 凡语治而待去欲者，无以道欲而困于有欲者也。凡语治而待寡欲者，无以节欲而困于多欲者也。有欲无欲，异类也，生死也，非治乱也。欲之多寡，异类也，情之数也，非治乱也。欲不待可得，而求者从所可。欲不待可得，所受乎天也；求者从所可，受乎心也。所受乎天之一欲，制于所受乎心之多，固难类所受乎天也。人之所欲，生甚矣，人之所恶，死甚矣，然而人有从生成死者，非不欲生而欲死也，不可以生而可以死也。故欲过之而动不及，心止之也。心之所可中理，则欲虽多，奚伤于治！欲不及而动过之，心使之也。心之所可失理，则欲虽寡，奚

止于乱！故治乱在于心之所可，亡于情之所欲。

由于荀子主性恶，而心有欲善好义之性，又能知道、可道、守道以禁非道，似乎心是善的。心的善与性的恶，照理不能合而为一，于是有人主张荀子是心性分途的。所谓心性分途，是将可以为善的心抽出于性之外，认为心不是性。抱这种见解的人，以为这样才能解消性恶心善的矛盾。但依照我们上文所释，荀子的性不是恶，只是可能流为恶；荀子的心也不是善，只是可以为善。荀子谓性是"生之所以然""不可学、不可事而在天者""本始材朴也"，都与《荀子》全书旨意相符，甚至说善是伪，都没有问题。问题在于他所说的性恶。本始材朴的性，是可善可恶、非善非恶的。以性恶来反对孟子的性善，是用词过当。如果性不是恶，心不是善，二者都是中性的，则不必说心性分途。而且心之好义欲善，有可以知仁义法正之质与能仁义法正之具，难道不是生之所以然的吗？难道这些可以为善的良知良能，不是如可以"见之明不离目""听之聪不离耳"吗？何况荀子明明说"人生而有知""心生而有知"（《解蔽篇》）。心知既是生而有的，是生之所以然的，怎样可以说心不是性呢？荀子说心可以知道，无异于说性可以知道。只要我们理顺了荀子的思想，则说性可以知道和"性未善，其善者伪也"（《性恶篇》）是没有什么矛盾的，只是不可将性未善说成性恶而已。

第五章　荀子思想散论*

一、荀子的天人关系思想

先秦哲学的天人思想，经孔、墨、孟、庄、老诸子的发明后，已逐步由敬天转而为知天与法天了。但孟、庄的思想，仍限于自事其心，对人生在客观宇宙中的命运依然无可奈何。到了老子，才对天道有了进一步的理解，使我们不但知道天人的分际，而且知道把握天道的规律，使一向作为敬畏对象的天成了知识的对象。天道的神秘性不断减少，可知性不断增加，结果便产生了荀子的天人思想。

荀子的天道观，近人多只认识到其开新的一面，而忽略了其继承的一面。荀子天道观开新的一面，是把天道化为今天科学所面对的自然；而继承的一面，则依然把天道作为一个崇敬的对象。这一点似乎很少有人注意。现在对此点分别加以论述。

---

* 本章节选自《论先秦诸子天人关系思想之发展》一文，原载《先秦诸子论丛》，台北，东大图书公司，1981。

荀子继承传统天道观的地方，主要是以天为生人生物之大本，为我们生命的根源，并对这一根源有一报本反始的心意，因而依然保留着传统上祭祀天地的礼节。荀子云：

> 礼有三本：天地者，生之本也；先祖者，类之本也；君师者，治之本也。无天地，恶生？无先祖，恶出？无君师，恶治？三者偏亡焉，无安人。故礼，上事天，下事地，尊先祖而隆君师，是礼之三本也。(《礼论篇》)

在《不苟篇》中，荀子也说："君子大心则敬天而道，小心则畏义而节。"可见荀子确实以天地为敬事的对象。不过荀子敬事天地的理由，只在"生之本也"一点上，并不是由于天地神明不测，若不加敬事，便得不到什么福祉，或招致什么灾祸。因为荀子认为天行有常，天绝不会因为我们对它敬事或侮慢便改变了它自己的规律。这和墨子的天常常监临下土、施行赏罚不同。故人们敬事天地，完全是出于报本反始之心，没有一点迷信的成分。荀子说：

> 日月食而救之，天旱而雩，卜筮然后决大事，非以为得求也，以文之也。故君子以为文，而百姓以为神。以为文则吉，以为神则凶也。(《天论篇》)

荀子又把事天地和尊先祖、隆君师并列，可见他的事天地之意和尊先祖、隆君师之意是一样的。这里的天地虽然是个崇敬的对象，但却没有丝毫神秘的色彩，正如先祖之可尊、君师之可隆并没有什么神秘一样。尽管如此，荀子的天仍和科学所面对的自然之天不同。因为荀子的天是就那生生不已的本体来说的，而不完全是指那作为客观对象的自然。这一生生不已的本体，因为它是我们生命的根源，所以我们对它有感恩之心，而对于科学所面对的自然现象，我们却不能有这样的感情。

至于荀子天道观的开新的一面，是把天道看作科学所面对的自然。科学所面对的自然之天是完全遵循它自身的规律而运行的，不受自然以外的力量的干扰。荀子的天道，在生物生人以后，亦不再对其加以干涉，只要我们能把握它的常道或规律，我们便能"物畜而制之""制天命而用之""应时而使之""骋能而化之""理物而勿失之"。所以他说："天行有常，不为尧存，不为桀亡。应之以治则吉，应之以乱则凶。"（《天论篇》）至于像星坠木鸣之类，荀子认为只是天地之变、阴阳之化、物之罕至者，我们对这些自然现象一时虽不能了解其原因、把握其规律，但亦"怪之，可也；而畏之，非也"（《天论篇》）。"怪之"是就知识上说的，"畏之"则有超自然的意义，仿佛星坠木鸣是天地鬼神在那里作祟似的，那就不对了。因此我们对天道一味凭主观的愿慕敬之、畏之，都是于事无补的。故《天论篇》一则说"舍其所以参而愿其所参，则惑矣"，再则说"君子敬其在己者，而不慕其在天者"。所以参是在己者，所参是在天者。天本身既然不行赏罚，则为祸为福无不是由自己招致的，这就要特别注意在己的所以参之道了。

荀子的天道观既然有继承与开新的两面，则人所要求知的，不是所敬的天，而是这个天表现在自然现象上的种种规律。据《天论篇》的意思，其所敬的天是不为而成、不求而得的，其事无形可见，因而也无从知识，我们只能以虔敬的心情，大而思之，从而颂之，而用不着加虑、加能、加察。这就叫作"不与天争职"，"唯圣人为不求知天"（《天论篇》）。但圣人不求知的天，只是指那天道之所以然。至于天道实然的规律，如列星随旋、日月递照、四时代御、阴阳大化、风雨博施，其事之所以然虽不可见，但其功绩却是很显然的。这种天道变化自有其规律，不会因人之恶寒而辍冬，亦不会因人之恶辽远而辍广，所以我们可以物畜而制之，制天命而用之，这是荀子所要求知的。荀子的这种态度，有似于今天的科学态度。今天科学亦只叙述事实是什么，从其所是中归纳出一些规律来，以求戡天役物，而不必探究现象背后之所以然。

然而，荀子所敬的天和所制的天还可以是同一的。不过所敬的天是就生之本来说的，而所制的天是就天行有常的规律来说的。对这些规律制而用之，并不妨害我们对这生生不已的本体的敬事。因为同一的天，可以有形而上的本体的一面，也可以有形而下的现象的一面。因此荀子一面认为天是科学所面对的自然，另一面又认为天是敬事的对象，这和今天许多科学家一面认为自然是个被治的对象，另一面却仍信仰自然现象背后是有主宰一样，并没有不可以之处。

荀子的天，虽有一面是科学所面对的自然，却也不是个赤裸裸的自然。因为我们所谓赤裸裸的自然，是指由原始心灵的无明所观察到的自然而言。这是个充满惊险与混浊的自然，早已随人类文明的发展而消逝了。今天科学所面对的自然，是用虚壹而静的清明心照察出来的，而这一清明心是人类在漫长的历史中艰苦提炼的成果。没有这样一个清明心，纯粹的事实和客观的自然便提炼不出来，故培根要打倒我们心中的偶像，荀子要解除我们心中的障蔽，这都可见条理分明、秩序井然的清明世界和我们的清明心是不可分的，它绝不是一个赤裸裸的自然，而是一个由人类文明之光所照明的科学的自然，是一个圣人作而万物睹的光华遍地的通明世界。我们拿荀子的这种天道观和上述各家的天道观相比，便知道它实在有着伟大的时代意义：中国人不再一味地退缩在内心世界中去求安身立命了，我们已大胆地跨进那过去我们认为不可知的宇宙中，自信地、有把握地来建功立业了。虽则由于文化性格的限制，所谓建功立业仍偏于外王一面，但中国人无论在宇宙问题上，或在人生问题上，都已获得基本的解决，文明之光不但照明了内在的心性，也照明了外在的世界，这是很足以自豪的。

关于荀子的鬼神观，虽然有"葬埋，敬藏其形也；祭祀，敬事其神也"（《礼论篇》）的话，承认人死后其形虽藏，其神仍在，但这只是荀子受传统影响的一面。就另一面，或他自己更确信的一面而言，荀子是认为人死以后即属无知的。他说："礼者，谨于治生死者也……夫厚其生而薄其死，是敬其有知而慢其无知也，是奸人之道而倍叛之心也。"（《礼论篇》）荀子在《天论篇》中说"形具而神生"，则形坏便当神灭，因此说死为无知是很自然的。故《礼论篇》又有"明器貌而不用"的话。人既然死而无知，为什么我们还要行祭祀呢？荀子以为人死而向他行祭祀，并不是说死者尚有知觉，而只是生者自尽其道。因为站在人道的立场说，我们不能在别人知道我们时我们才对他好，在别人不知道我们时我们便对他不好。倘若如此，便是奸人之道、背叛之心。无论别人知道或不知道，我们都对他好，这种忠信之心不是为了报答，或为了其他利害的关系，而只是为了自尽其道。今若因人死而无知便完全改变了一向对他的敬事之心，这不就是奸人之道和背叛之心吗？所以荀子要事死如事生，事亡如事存，并不是相信人死以后依然有知，而只是贯彻我们对死者的态度，使我们能忠信不渝，始终如一，不使我们陷于"敬其有知而慢其无知"的奸人之道罢了。所以荀子说："祭者，志意思慕之情也，忠信爱敬之至矣，礼节文貌之盛矣，苟非圣人，莫之能知也。圣人明知之，士君子安行之，官人以为守，百姓以成俗。其在君子，以为人道也；其在百姓，以为鬼事也。"（《礼论篇》）祭祀之事，完全是为了生者自尽其忠信爱敬之道、志意思慕之情，这是人道而不是鬼事，君子和圣人对此都是知道得很明白的。所以《礼记》也说："祭祀之礼，主人自尽焉尔"。

荀子既认为人死后是无知的，故他所说的神，多指不见其事而见其功的精神境界。如云："形则神，神则能化矣。"（《不苟篇》）又云："心者，形之君也，而神明之主也……酒乱其神也。"（《解蔽篇》）又云："诚信如神。"（《致士篇》）凡此都不是指存在于另外一个世界的神，而是指一种尽善至治的精神境界。故《儒效篇》云："尽善挟治之谓神。"而《王制篇》所谓"大神"，竟是大治的意思。至于荀子所谓鬼，亦以为是由观物有疑、中心不定所致。如《解蔽篇》云："夏首之南有人焉，曰涓蜀梁。其为人也，愚而善畏。明月而宵行，俯见其影，以为伏鬼也；卬视其发，以为立魅也，背而走，比至其家，失气而死,岂不哀哉!凡人之有鬼也,必以其感忽之间、疑玄之时正之。此人之所以无有而有无之时也。"故人心若能沉浊在下,清明在上,则这些鬼魅都将失其存在。

业师唐君毅先生在《中国哲学原论·原心上》中谓:了解中国先哲之思想,首须着重其言心之思想,并特别指出墨子和荀子的思想,其核心在于言心的理论而不在天志、性恶等理论。今就荀子言心之理论,说明其人道思想如下。

孟子言性善,荀子言性恶,这是孟、荀最显而易见的不同。但我们在论及孟子的人性论时,曾指出孟子是就心言性的。所谓性善,实即心善。因为从性上说,耳目口鼻之欲都是性,那不一定是善的。只有那为仁义礼智之根的心,才是善的。而荀子的性恶论,亦不是笼统地说心和耳目口鼻之欲都是恶的,只是说纵任那些耳目口鼻之欲才是恶的。至于那个虚壹而静的心,《解蔽篇》说它是形之君、神明之主,出令而无所受令,而且能够自禁、自使、自夺、自行、自止。这样的一个心,是之则受,非之则辞,是是非非之间,别人绝对不能加以劫持。因此,我们不但不能说它是恶的,而且甚至可以说它是善的。因为圣王能制礼义而起法度,即凭此心之计虑权衡。荀子云:"况夫先王之道,仁义之统,《诗》《书》《礼》《乐》之分乎!彼固天下之大虑也,将为天下生民之属长虑顾后而保万世也。"(《荣辱篇》)可见荀子的心,实为先王之道,仁义之统,《诗》《书》《礼》《乐》之分所从出。他和孟子的不同,主要在于孟子的心偏于仁性,能直接做出道德判断或价值判断;而荀子的心则偏于智性,不能直接做出道德判断或价值判断,必须从两件事物以上的兼权熟计中才能定其欲恶取舍。仁心是直发的，其价值不从权衡比较中来。实则在兼权熟计之先，亦必须对个别的事物有价值的判断，否则亦无从比较。荀子的价值主体始终透不出来，因而只重视圣王的礼义法度而忽略了作为价值之源的仁心，这便成为荀子思想最可议之处。

然而，无论如何，荀子在孟子净化了仁心以后，进一步澄清了我们的智心，使我们不但能从仁心去认识生生不已、至诚无息的天道，更能从智心去认识有统有类、有条有理的天道，使我们的心同时具有发强刚毅和文理密察的德性，这是中国文化极重大的成就。

荀子的心虽然是出令而无所受令的神明之主，但到底是智性的。智性心的作用主要是知道。知道的心是虚壹而静的心。"不以所已臧害所将受"叫作虚，"不以此一害彼一"叫作壹，"不以梦剧乱知"(《解蔽篇》)叫作静。所以虚壹而静的心，就是清明在上，沉浊在下，使对象厘然有别、不相混淆的心。在这种心的照察之下，万物历然，毫无隐晦。所以荀子说："虚壹而静，谓之大清明。万物莫形而不见，莫见而不论，莫论而失位。坐于室而见四海，处于今而论久远，疏观万物而知其情，参稽治乱而通其度，经纬天地而材官万物，制割大理而宇宙里矣。恢恢广广，孰知其极！睪睪广广，孰知其德！涫涫纷纷，孰知其形！明参日月，大满八极，夫是之谓大人。夫恶有蔽矣哉！"(《解蔽篇》)荀子至此，已明白宣称万物完全成了我们知识的对象。人心之知，不但能疏观万物、参稽治乱、经纬天地、制割大理，而且能明参日月、大满八极，真是"恢恢广广，孰知其极"了。荀子这种特有的"大人"境界，足以表示荀子天人思想特有的成就。中国人从原始的无明中，经过千回百转，首先用仁心之光照明了我们的内心世界，如今又用智心之光来照明我们的外在世界，使中国文化彻内彻外，一体通明，到达了荀子所谓"夫恶有蔽矣哉"的境界，这实在是值得珍重的。

荀子所言的心既然是个清明鉴物的心，其所做的价值判断与道德判断则主要由于计虑权衡。但从计虑权衡所生的判断，其可靠性完全取决于计虑能否周全。如果我们只见这一件事物的可利的一面，而不见这一事物的可害的一面，只考虑这一件有关的事物，而不考虑那一件有关的事物，则我们都容易陷于错误。因此，荀子开宗明义便要劝学，而且要学至全尽而后止。只有在我们计虑周全以后所做的判断才会免于错误。这种重视客观知识的精神和孟子不同。孟子重思过于重学。他说："思则得之，不思则不得也。"（《孟子·告子上》）凡事只要反求其本心，则本心之良知便能做主，而不必根据全尽的知识。但荀子却批评他"幽隐而无说，闭约而无解"（《非十二子篇》）。因为荀子认为"离道而内自择，则不知祸福之所托"（《正名篇》）。孟子只要我们求其放心，归而求之，这便无异于离道而内自择。孟子要通过道德实践来知天，荀子则是要通过全尽知识来知天，这是孟、荀在人道上的主要差别。

在讨论完荀子一般的天人思想以后，我们再来看看荀子所讲的命是什么意思。荀子在《正名篇》中说："节遇谓之命。"所谓节遇，犹云际遇，一个人的际遇只是在现实生活中的一些偶然遭遇，这并不是由天所命定的。因此荀子的命，可以没有超越的意味。《宥坐篇》云："夫贤不肖者，材也；为不为者，人也；遇不遇者，时也；死生者，命也。"这里所谓"死生者，命也"，似乎可以和《论语》中"死生有命"一起解作死生是由天所决定的。但按照荀子给命所下的定义，我们把它解作死生是一种偶然的际遇也未尝不可。《荣辱篇》云："自知者不怨人，知命者不怨天。怨人者穷，怨天者无志。"这里所谓不怨天，与孟、庄的不同。孟子的不怨天，是由于他率性俟命，一切求其在我，而不求其在外。既然求之在外、不可必得的他都不求，凡有所求，都是求其在我、求则得之的，所以便不怨天。庄子的不怨天，是由于他以天地万物为一气之化，来者时也，去者顺也，人只有安时处顺，故亦不怨天。而荀子的不怨天，首先由于天根本不是一个怨慕的对象，其次由于我们的命只是一些偶然的际遇，根本不是由一有意志的天所决定的，所以我们只能反求诸己，而不能怨天尤人。故曰："怨人者穷，怨天者无志。"（《荣辱篇》）从荀子的天道观来看，"天行有常，不为尧存，不为桀亡。应之以治则吉，应之以乱则凶。强本而节用，则天不能贫；养备而动时，则天不能病；修道而不贰，则天不能祸。故水旱不能使之饥，寒暑不能使之疾，妖怪不能使之凶"（《天论篇》），一切都事在人为。即使有天命，我们亦可制而用之。所以在荀子的系统里，是不容许有宿命论存在的。虽然决定我们的际遇的因素很复杂，一时不能完全操之在我，这便使我们的际遇成为偶然，但这只是现实上的困难，而不是原则上的不可能。一般宿命论者把现实的困难说成原则上的不可能，这是荀子所不许可的。这种具有高度积极性的人道观，就是荀子思想的伟大贡献。先秦天人思想的发展，当以讲盛德大业的《易传》为最后的综合，唯就我们已论及的而言，已可见先秦天人思想开展的大势了。

二、荀子的解蔽工夫

道德和知识，一向被人误认为是互不相干的两回事，有道德的人不必有知识，有知识的人不必有道德。然而，知识感通于物理，道德感通于人情，知识基于对外物普遍规律的认知，道德基于对人己一般好恶的同情，二者均基于理性，因此不能说全无关系。

儒家思想，自孔子开始即主张仁知兼备，必须既仁且知才能达到圣人的格范。但由于时代不同，孔子以后，孟子先树立道德主体而主性善，荀子偏于建构客观规范而主性恶，故孟子较重德性而荀子较重知性。以下我们便讨论一下荀子在重知精神下教我们解除偏蔽的方法。

首先我们要说明，荀子虽然主张性恶，但并没有否定人有欲善好义的道德意愿和可以为善的先天资具，只是认为人徒有这些主观意愿和先天资具，若不能尽其才，找到中理合道的客观途径和有效的方法去实现其道德意愿，则仍不能说已达至善的境地。依荀子之意，善是先天的道德和后天的知识合成的产物。道德的意愿和道德的资具是先天的，是禹、桀所同，凡、圣共有的，所以荀子并不强调这些可以为善的先天根据，反而重视后天的知识。因为他认为一个乱国之君、乱家之人,其诚心亦莫不求合于正道而有所作为,只由于迷失正道,才被人引诱到邪路上去。所以荀学的重点就是要我们从"蔽于一曲而暗于大理"(《解蔽篇》)的情况中解放出来。

荀子在《解蔽篇》中指出万事万物互相歧异,人受特定事物的影响,往往被蒙蔽。例如受喜爱所蔽,便看不见事物憎恶的一面;受憎恶所蔽,便看不见事物喜爱的一面;受开始的情况所蔽,便看不见终局的一面;受终局的情况所蔽,便看不见开始的一面。有时蔽于远而不知近,有时蔽于近而不知远;有时蔽于博而不知浅,有时蔽于浅而不知博;有时蔽于古而不知今,有时蔽于今而不知古。像墨子即蔽于实用的价值而不知文饰的价值,宋子蔽于寡欲的一面而不知人有多欲的一面,慎子蔽于客观的法制而不知主观的贤能,申子蔽于势位而不知智慧,惠子蔽于名辞而不知实相,庄子蔽于天道而不知人道,等等。

为了解除这些心术之患与蔽塞之祸,荀子便教我们在欲善好义的主观道德意愿上,以及在有可以知、可以能仁义法正的质与具上努力伏术为学,深思熟虑,使我们在面对复杂的事物进行抉择时,能权衡得宜,可否中理。因此荀子认为人之大殃大害,不在德性上,而在知性上。因为人若只有主观的意愿而无客观的正道,则不但不知统类,不能解说行为的正当与否,而且会不知祸福应寄托在哪里。所以荀子在《非十二子篇》中批评子思、孟子"僻违而无类,幽隐而无说,闭约而无解",在《正名篇》中也说"离道而内自择,则不知祸福之所托"。

荀子为了获取客观的知识来辅助实现我们主观的道德价值愿望，首先便教我们积学积伪。荀子所谓"伪"，是指由后天人为的努力所获致的知识与技能，故《正名篇》谓："虑积焉、能习焉而后成谓之伪。"而荀子所谓"知识"，不但要我们学至全尽，还要我们知类明统，因此，他一方面重视经验，另一方面亦重视理性，他在《劝学篇》中说："伦类不通，仁义不一，不足谓善学……全之尽之，然后学者也。"

荀子重视我们的思虑，认为只有长虑顾后，才可以从偏蔽中解放出来，并认为《诗》《书》《礼》《乐》，亦只是为天下生民长虑顾后而保万世的产物。所以他在《不苟篇》中说：

> 欲恶取舍之权：见其可欲也，则必前后虑其可恶也者；见其可利也，则必前后虑其可害也者；而兼权之，孰计之，然后定其欲恶取舍。如是，则常不失陷矣。凡人之患，偏伤之也。

圣人为了不被偏蔽所伤害，便要做到无欲、无恶，无始、无终，无近、无远，无博、无浅，无古、无今。而要达到这样的境地，便要把一切事物兼陈并包，然后用我们的心去权衡其轻重，做出中理合道的决定。所以荀子所谓道，就是心的权衡得宜。

然则心怎样才能知道呢？人的心，往往有种种偏见，人心若存有偏见，即使是观察客观事物也像戴了有色眼镜一样，因此，主张归纳法的培根，也要我们在观察客观事物之前去除心中的种种偏蔽或偶像。荀子则认为一个知道的心，必须要虚壹而静。

什么叫虚壹而静呢？心虚才能容藏，心既能容藏过去的经验，亦能容受新的经验，不因已藏有旧经验妨害接受新经验，这便叫作"虚"。如果我们先入为主，排斥新知，就是不虚。心的对象是杂多的、歧异的，但仍能保持其统一性，对杂多的事物能同时兼知之，不因此一事物妨害对彼一事物的认知，这便叫作"壹"。如果我们知其一不知其二，就是不壹。荀子所谓壹，还有专心一志的意思，目不能两视而明，耳不能两听而聪，蚯蚓用心专一，虽无爪牙之利、筋骨之强，亦能上食埃土，下饮黄泉。螃蟹虽有六跪二螯，却只能寄居蛇鳝之穴，这是用心不专一所致。心在接物时或谋虑时固然在动，即使卧睡时也会做梦，懈惰时亦会心猿意马、念念不绝，因此心永远是动的，但我们却不因这些烦嚣梦想的浮动而影响我们对客观事理的知虑，这便叫作静。如果我们因心的动而扰乱我们的知虑，这便是不静，心能够虚壹而静，便叫作大清明。人到了大清明的境地，便能明参日月、智满八极，这还有什么偏蔽呢？

人有了虚壹而静的大清明心，便能如沉浊在下、清明在上的槃水一样照见须眉，使我们能权衡中理，取舍合道。心在知道以后，便会肯定这个道，加以持守，并对与此道相反的非道加以禁制，这样，人的主观的价值理想和道德愿望便能获致客观的实现。

荀子在《解蔽篇》中所讲的心，虽然偏于反映物理的清明心、知性心，但他也说心是形骸之君、神明之主，是发号施令的，而不是接受号令的，他的禁、使、夺、取、行、止，都是自己做主而不为外物劫持的。他说："口可劫而使墨云，形可劫而使诎申，心不可劫而使易意，是之则受，非之则辞。"可见荀子的心，除重视智性的一面外，依然保留着德性的一面，倘使我们把荀子的心只理解为智性心，便会对荀学志在成德无从索解。

先秦儒学，孔、孟均重视养心，荀子以心可以知道，故亦重视治心。荀子在《解蔽篇》中讲治心的工夫次第分强、忍、危、微四个境地。他说孟子怕妻子影响他的修行而出妻，算得能自强了，但未及有子憎恶自己寝卧而焠掌般坚忍。因为出妻只是舍弃身外之物，焠掌则要忍受切肤之痛。故治心的第一步是自强，第二步是自忍。但自忍只是忍受身体上的痛苦，尚未进至精神上的凝聚。空石之人，为了集中精神而辟除耳目之欲，远离蚊虻之声，使心思永远在戒慎恐惧的状态中，这便是所谓能危。心能在戒慎恐惧中达至集中专一，这是治心的第三步。此时心的计虑权衡，皆能中理合道，使周遭事物都能达至安荣的境地。不过，以戒慎恐惧的心情来达至集中专一，未免过分紧张，因此不能算是治心的最高境界，治心的最高境界不是"处一危之"，而是"养一之微"（《解蔽篇》）。所谓微，是一种自然无为的境地，心能修养到这个境地，不必自强、自忍，也不必戒慎恐惧，一切都会发荣滋长于不知不觉之中。

荀子对道经"人心之危，道心之微"的解释，是把危、微都解作胜义的。故曰："危微之几，惟明君子而后能知之。"（《解蔽篇》）这和后来朱子把"危"解作危殆，把"微"解作微妙，显然有很大的不同。心的自强、自忍、危之、微之，可以说是荀子治心的四个阶段。通过治心的工夫，心才能权衡得宜，可否中理。由知道而行道，实现人生文化的价值理想，这是主智的荀子的智慧根源所在，也是荀子解除蔽塞的不二法门。

三、孟子和荀子的人性论

儒家的天道观，发展至《易传》《中庸》，认为天道是至诚无息、生生不已的本体，是万有的根源，也是万善的根源。一切人、物皆禀受天道之至诚而生，"不诚无物"（《中庸》），故万物皆真实无妄，各正性命，而人更得其秀而最灵，故《易传》《中庸》对人性或物性没有性恶或原罪的观念。人禀受天命而生，其后虽有过失，但人是可以凭自己的力量去改正一切过失的。世上没有不可改的过失，过而能改，善莫大焉。因此无所谓不可洗脱的罪。

孟子言性善，当然认为我们的本性没有恶，然则恶是怎样产生的呢？孟子认为，人性有大体和小体，大体是指我们生命中价值之大者，小体是指我们生命中价值之小者；大体指仁义礼智之心而言，小体指耳目口鼻之欲而言。大体和小体都是生命所追求实现的价值，各有所司。目司视，而欲得子都之美色；耳司听，而欲得师旷之好音；口司味，而欲得伯牙之美味；鼻司嗅，而欲得芝兰之芳香。唯耳目口鼻，虽各有所能，却不能相通，不思而蔽于物，完全被动地受外物所牵引，只能因外物刺激而起本能的反应，不能自作主宰，而做价值之抉择，所谓"物交物则引之而已矣"（《孟子·告子上》），故为小体。而心之官则思，其主要功能是感通，它能超拔于耳目口鼻等私欲之外,对生命做出最大价值的抉择,孟子所谓"心",亦即孔子所谓"仁"。仁以感通为性,心亦以感通为性。心以感通为性,亦即生命以感通为性。因此,如果我们为了满足小体之欲,而使我们的生命为物欲所蔽塞,以致对其他更大的价值麻木不仁,不能感通,这便是以小害大,以贱害贵,亦即因价值之小者妨害了价值之大者,这便是恶。

孟子说:"可欲之谓善"(《孟子·尽心下》),凡是我们所悦欲的东西都是善的,但一般人以为我们只悦欲声色香味之类的事物,孟子却说"理义之悦我心,犹刍豢之悦我口","所欲有甚于生者,所恶有甚于死者"(《孟子·告子上》)。因此,孟子对生命的意义,陈义甚高,我们必须依循能突破个体形躯之私与他人他物感通无隔的良知的指示,实现生命所能达至的人我同体、物我同体、天人合一的境界,才能实现生命的最大价值。但说良知为善,不等于说耳目口鼻为恶。只要我们在做价值抉择时,不以小害大,则实现小体之价值,也不限于维持自然生命的存在,因为借着自然生命的存在,还是可以实现更大的价值的,是应该加以肯定的。所以孟子说:"饮食之人,则人贱之矣,为其养小以失大也。饮食之人无有失也,则口腹岂适为尺寸之肤哉?"(《孟子·告子上》)

由此可见,孟子所谓"恶",只是我们在现实生活中做道德抉择或价值判断时失误所致。这种失误,是后天人为的,因而也可以经由后天人为的努力加以克治和去除,和人的本性并无关系。

至于荀子言性恶,很容易使人联想到与基督教的原罪观念相似，但其实与之相比也是大不相同的。一般人认为荀子讲性恶善伪最不可通，因为性既是恶，如何能产生出善来呢？其实荀子的本意不是要讲"人之性恶"，而是要讲"其善者伪也"（《性恶篇》）。

按照荀子"生之所以然者谓之性"（《正名篇》）和"不可学、不可事而在天者谓之性"（《性恶篇》）的定义而言，则欲和心都是性。因为欲和心都是与生俱来的，是"不可学、不可事而在天者"。若说人性是恶，则不从心上说，便当从欲上说。我们试看看荀子的性恶论是怎样说的，《性恶篇》云：

> 今人之性，生而有好利焉，顺是，故争夺生而辞让亡焉；生而有疾恶焉，顺是，故残贼生而忠信亡焉；生而有耳目之欲，有好声色焉，顺是，故淫乱生而礼义文理亡焉。然则从人之性，顺人之情，必出于争夺，合于犯分乱理而归于暴，故必将有师法之化，礼义之道，然后出于辞让，合于文理，而归于治。用此观之，然则人之性恶明矣，其善者伪也。

这段文字，说人生而有好利、疾恶、好声色之性，但却没有说这些性本身是恶的。只有放纵这些情性，至于"犯分乱理而归于暴"的时候，才是恶。倘使我们不放任这些自然情性，而使之安分合理，则这些自然情欲，不但不是恶，反而是圣王在制礼义而起法度时所必须加以照顾的。荀子认为："有欲无欲，异类也，生死也。"（《正名篇》）有欲则生，无欲则死，欲是维持我们生命存在的必要条件，荀子不但不主张去欲，也不主张寡欲，在合理的情况下，荀子甚至还是倾向于极欲的。所以他说："欲虽不可尽，可以近尽也。"（《正名篇》）但由于人欲无穷，物力有限，因此荀子才主张圣人制礼义以分之，目的仍在于养人之欲，给人之求。可见荀子决不以自然情欲本身为恶，否则，说善的礼为了养给恶的欲求，便悖谬不通。因此恶只是放任我们的自然情欲所致。

人有好利、疾恶、好声色之性，不等于说我们不能同时有好义、欲善以及好礼义、辞让、忠信之性。相反，荀子在《大略篇》中说"义与利者，人之所两有也"，在《性恶篇》中说人有"欲为善"之性，在《强国篇》中说"人之所恶何也？曰：污漫、争夺、贪利是也。人之所好者何也？曰：礼义、辞让、忠信是也"，在《王制篇》中则更清楚地说出人与禽兽的区别在于"禽兽有知而无义，人有气、有生、有知，亦且有义，故最为天下贵也"。可见承认人性中既有好利之性，又有好义之性，是孟、荀的共同见解。不过荀子认为：人虽好义、欲善，有可以知仁义法正之质，有可以能仁义法正之具，但好义不等于义，欲善不等于善，有可以知仁义法正之质，有可以能仁义法正之具，这只是一些主观的欲望和一些可以知、可以能的质与具而已，善、义和仁义法正毕竟还没有与生俱来地在客观世界中存在，所以不能说人之性善。人后来根据这些欲望以及质与具创建出义和善来，只能说其善者伪也。说善是伪，是说善是后天人为的结果。至于荀子说人之性恶，只是措辞失当而已。

荀子在《解蔽篇》中所言之心，虽偏重于虚壹而静的认知意义，但荀子所言之道，是心权衡得宜、可否中理的产物，因此荀子所言的心，是知道的主体，是知道的心，不可能只是虚壹而静、认识客观事实的心。荀子说"心知道然后可道，可道然后能守道以禁非道"（《解蔽篇》）。如果心只有认识客观事实的功能，则道固然可以是客观事实，非道也可以是客观事实。何以我们在知道以后，又能可道、守道以禁非道呢？心既然能知道、可道、守道以禁非道，可见心不只是个认知主体，同时也是个价值主体。所以《解蔽篇》说："心者，形之君也，而神明之主也，出令而无所受令。自禁也，自使也，自夺也，自取也，自行也，自止也。故口可劫而使墨云，形可劫而使诎申，心不可劫而使易意，是之则受，非之则辞。"这样一个既为认知主体又为价值主体的心，是人能化性起伪的根源，当然不能说它是恶的。

欲固然不是善，但也不是恶，只有纵欲而至于悖礼犯分才是恶。心固然不是恶，但也不是善，只有学至全尽、知类明统、权衡得宜、可否中理才是善。性虽然不是善，但也不是恶，因此荀子的性恶说是无根的。荀子是以性为本始材朴，若我们的行为依循知义、欲善的本始材朴的心所肯可的理义而行，便是善，否则才是恶，这和孟子要我们从其大体而不从其小体，是完全一致的。故荀子在《礼论篇》中又云：

> 性者，本始材朴也；伪者，文理隆盛也。无性则伪之无所加，无伪则性不能自美。性伪合，然后圣人之名一，天下之功于是就也。故曰：天地合而万物生，阴阳接而变化起，性伪合而天下治。天能生物，不能辨物也；地能载人，不能治人也。宇中万物、生人之属，待圣人然后分也。

荀子认为天能生物而不能辨物，地能载人而不能治人，如果只有天地而没有圣人，便只有本始材朴而没有文理隆盛，则天地万物都没有达至完美的境地，必须靠圣人后天的努力，才可以使天地万物完善起来。所以《富国篇》说："天地生之，圣人成之。"《王制篇》也说："天地者，生之始也；礼义者，治之始也；君子者，礼义之始也。"可见荀子把圣人、君子提升到与天、地并列，使之成为三才之一，以之为完成天地生育万物的价值创造者。而君子、圣人的性和一般人的性并没有分别，肯定圣人为三才之一，亦即肯定人为三才之一。这和基督教肯定人有原罪，并说人只有靠上帝才能得救，实在有极大的差别。因此，无论是孟子的人性论还是荀子的人性论，都可以说与基督教的原罪思想全无相似之处。

第六章　检讨儒、法的价值观[*]

儒、法两家，在中国文化中往往有着激烈的冲突。近代以来，由于国家积弱不振，饱受列强欺凌，故国人对标榜富国强兵的法家情有独钟，而把一切产生恶果的原因都推到儒家身上。对儒家的肆意摧残，造成了思想上极大的错乱。今天，我们要拨乱反正，必须厘清儒、法两家的思想，而其关键所在，是要深刻地检讨儒、法两家的价值观。

我们先来检讨儒家的价值观。

孔子曰："朝闻道，夕死可矣。"（《论语·里仁》）因此儒家所追求的价值理想就是这个"道"。儒家所讲的"道"，非天之道，非地之道，非禽兽之道，亦非鬼神之道，而是人道，是君子之道或圣人之道。儒家认为，一切价值理想，必须根源于人。人才是一切价值理想的主体。君子与圣人都是人，所以《中庸》说："道不远人。"

儒家所讲的人道，也可以说是仁道，故《中庸》云："修道以仁。"仁以感通为性，麻木就是不仁，因此，仁性是同情

---

[*] 原载《中国文化的检讨与前瞻》，香港，香港中文大学出版社，2000。

共感、痛痒相关之性。人不但对自己有情感，也对别人有情感，乃至对天地万物有情感。人不但要尽自己的情感，也要推一己的情感于别人，乃至天地万物。尽己就是忠，推己及人就是恕，而忠恕之道就是仁道。故曰："忠恕违道不远。"（《中庸》）又云："夫子之道，忠恕而已矣。"（《论语·里仁》）故人要尽人道，不但要成己，也要成物；不但要立己，也要立人。仁道不但是人道，也是天道。因为仁道至诚，生生不已，这和天道是没有两样的。故曰："大哉圣人之道，洋洋乎发育万物，峻极于天。"（《中庸》）

孟子认为人固然有同于禽兽的食色之性，但人之所以异于禽兽，在于人有仁义礼智之性。荀子也明说人人皆有欲善好义之性，并谓："人有气、有生、有知，亦且有义，故最为天下贵也。"（《荀子·王制篇》）人在天地之间，不但为"天地之德，阴阳之交，鬼神之会，五行之秀气"（《礼记·礼运》），而且人的存在，对天地言也绝不是多余的，不是可有可无的。因为天地的完美，也必须由人去成全。故曰："天地生之，圣人成之。"（《荀子·富国篇》）又曰："天地生君子，君子理天地。"（《荀子·王制篇》）因此，儒家认为一个实践人道一切价值的理想人格，是一个与天道性命相贯通的人格。《易传》云："夫大人者，与天地合其德，与日月合其明，与四时合其序，与鬼神合其吉凶，先天而天弗违，后天而奉天时。"把人与天、地并列为三才，和其他宗教相比，可见儒家推崇人道的极致。

儒家认为人道包括生和死。孟子以"养生丧死无憾"（《孟子·梁惠王上》）为王道之始，荀子亦以人道之极的礼，要谨于治生死。厚其生而薄其死，敬其有知而慢其无知，是奸人之道、背叛之心，这绝对是违反人道的。

治生之道，首先便是养生。要维持自然生命的存在，食、色都是不可缺少的。故"仰足以事父母，俯足以畜妻子，乐岁终身饱，凶年免于死亡"（《孟子·梁惠王上》），使"男有分，女有归"（《礼记·礼运》），都是王道之始。而婚礼、燕礼和乡饮酒礼等，就是在正视人的食、色之性之余，以仁道赋予食、色之性以文化价值。

人不同于禽兽，人在解决养生问题的同时，还有许多人生价值与文化价值的追求。人伦相处，使"父子有亲，君臣有义，夫妇有别，长幼有序，朋友有信"（《孟子·滕文公上》），都是儒家所要实现的人生价值。故孔门四科，以德行为第一。人在修其孝、悌、忠、信以外，更有温柔敦厚的《诗》教、疏通知远的《书》教、洁净精微的《易》教、恭俭庄敬的《礼》教、广博易良的《乐》教、属辞比事的《春秋》教，这一切的教化，无非是要陶冶出一个完美的人格。

人不但是个现实的存在，也是个有普遍关怀与终极关怀的存在。故人在养生之余，也要送死，以追养继孝的心情祭祖，以崇德报功的心情去祭一切有功德于民的人物，以报本反始的心情祭天。这些都是人所追求实现的价值理想，也是一个完美人格所当实现的理想。

儒家所推崇的人格价值是多方面的。除了孔子为圣之时者外，对伯夷之清、伊尹之任、柳下惠之和，都在推崇之列。孔子虽与楚狂接舆、长沮、桀溺等隐者不同道，亦对其加以尊重。孟子认为爵有天爵、人爵之分,又云:"天下有达尊三:爵一,齿一,德一。朝廷莫如爵,乡党莫如齿,辅世长民莫如德。恶得有其一,以慢其二哉?"(《孟子·公孙丑下》)

儒家的价值观总是多元的,因为人所追求实现的价值理想是极多的,甚至是无限的,以有限的人生在一时一地实现所有的价值理想是绝不可能的,不同的价值主体,因其处境的不同,可以有不同的价值取向,只要他不违背仁心和良心,则不同的价值取向都可以是对的。这里没有一个外在的权威做绝对的标准,一切都要反求诸己,自作主宰,别人不宜越俎代庖。比如忠君是一个价值,孝亲是一个价值,当二者不可兼得时,取孝取忠便要由当事人乾纲独断,只要这个决断是自发的,是依仁道的,则舍忠取孝,或舍孝取忠,都可以是对的。儒家绝没有忠大于孝或孝大于忠的教条。因此,孔子虽不以"其父攘羊,而子证之"为不直,却说"父为子隐,子为父隐,直在其中矣"(《论语·子路》)。孟子虽不以瞽瞍杀人为无罪,但为了父子之亲,在弃天下如弃敝屣之后,也可以选择背负瞽瞍而逃于北海之滨。这是体认儒家自由主义的重要所在。

儒家所追求实现的道,或儒家所追求实现的价值理想,是广及人生文化的全体的,故主张民为贵、民为邦本的政治思想,以实现人民所求的诸多价值理想为目的,亦即以实现这个道为目的。因此便有"道存则国存,道亡则国亡"(《荀子·君道篇》)、"以道事君,不可则止"(《论语·先进》)、"君子之事君也,务引其君以当道,志于仁而已"(《孟子·告子下》)等话。

儒家从政，是"从道不从君"（《荀子·子道篇》）的，既非为一己的利禄，也不是只求建功立业，一切不合仁道、王道或尧、舜之道的功业，都是儒家所不齿的。像公孙衍、张仪之流，对人君偷合苟容，以持禄养交，孟子即斥之为"以顺为正"的"妾妇之道"（《孟子·滕文公下》）。儒家从政，是要做"居天下之广居，立天下之正位，行天下之大道。得志与民由之，不得志独行其道。富贵不能淫，贫贱不能移，威武不能屈"（《孟子·滕文公下》）的大丈夫。这种"用之则行，舍之则藏"（《论语·述而》）、"穷则独善其身，达则兼善天下"（《孟子·尽心上》）、"邦有道则仕，邦无道则可卷而怀之"（《论语·卫灵公》）的态度，充分地体现了儒家对这个"道"的忠诚，儒家宁可守先待后，绝不降格求售。故孔子去齐，接淅而行；孟子去齐，浩然有归志。

儒家认为，天降王命，就是要王者替人民做主，实现这个"道"，做"民之所好好之，民之所恶恶之"（《大学》）的民之父母。因此，君位、君权的合理根据，在于能行君职、尽君道。人君的权位不是无条件的，当他不能行君职、尽君道时，他便当退位让贤，这叫作禅让。否则，人民便造反有理，可以用武力把他从宝座上拉下来，这叫作革命。在先秦诸子中，只有儒家在君位之上，肯定这个君道，肯定禅让和革命：天下乃天下人之天下，非一人之天下。故孟子认为舜之有天下，不是尧给他的，而是天给他的，是民给他的。因为天下非天子之私产，绝不能私相授受。荀子说"桀、纣无天下，汤、武不弑君"（《荀子·正论篇》）也是基于这个观点。这和民主政治的主权在民的思想是完全一致的。

至于法家的思想，特别是法家的价值观，则与儒家有极尖锐的矛盾。

首先要说明的是：周自幽、厉以后，诸侯专征，大夫擅政。天命有德、王政在民的旧观念与旧秩序已逐渐解体。及威烈王二十三年（前403年），正式承认魏、赵、韩三家为诸侯，周室赖以维持残局的名分亦不能守，此后天下即以智力相雄长，形成战国纷争之局。

战国之世，诸侯内有篡弑，外有兼并，有国者若不能内绝奸情，外拒强敌，必不能容身于此历史大势之中，故列国君主逐渐放弃以实现人生文化的远大理想为目的的王道、仁政、德治、道治，转而重讲求其政权如何能维持与扩张的强国之道。法家的思想，就是投合时君世主这点心意而兴起的一种强国之术。

要外拒强敌，便要用法达至富强；要内防篡弑，便要用术探知奸情。因此法、术二者，不可以一无，皆人主之大物，帝王之工具。

国富兵强，是法家所要实现的唯一价值，而耕可使国富，战可使兵强，耕战是达成富强的唯一手段。因此法家便要集中一切力量从事耕战。他们不独如孔子所云要足食足兵，而是要全民皆农、全民皆兵。一切耕战以外的人生活动、文化活动，俱在禁止之列，而一切能使人君达至富强以外的价值观念，俱在摧陷廓清之列。务使一切力量，总动员于耕战。

基于以上观点，法家对象叶之奇技、木鸢之淫巧、儿说之辩说、孔墨之智谋，以及恬淡之学、恍惚之言、文学之士、道德之家，皆因其不能有"致远力多""考实按形"的大功大用而加以破斥。即使讲商管之法者、孙吴之书者，亦因其言耕而非执耒、言战而非被甲而加以禁制，《商君书·农战》云："农战之民千人，而有诗书辩慧者一人焉，千人者皆怠于农战矣。农战之民百人，而有技艺者一人焉，百人者皆怠于农战矣。"为了达到开荒垦地的目的，商鞅禁止雇用佣工，禁止玩音乐、耍杂技，压制商贩活动，废逆旅，使"商无得籴，农无得粜"，"辟淫游惰之民无所于食"（《商君书·垦令》），务使士人、商人、工人、艺人全部归农。

然而，农为民之所苦，战为民之所危，如何才能使民众放弃其他活动，全部归农赴战呢？法家便只好乞灵于赏罚之法。

法家所谓法，指赏罚之法而言。商鞅云："凡赏者，文也；刑者，武也；文武者，法之约也。"（《商君书·修权》）而韩非也说："法者，宪令著于官府，刑罚必于民心。赏存乎慎法，而罚加乎奸令者也。"（《韩非子·定法》）因此，法家的法，是为了驱民耕战，达至人君的富强而设置的。与今天的法实不可同日而语，注解《商君书》的朱师辙，以为国人"崇尚法治，远则西欧，而不知商君已倡于二千年前，数典忘祖，得无颠乎！"（《商君书解诂定本》初印本自序）只能是一个美丽的误会。

为什么赏罚之法可以驱民耕战呢？

法家认为，民之情性，都是怀生畏死、好利恶害、饥则求食、劳则求逸、苦则索乐、辱则求荣、好爵禄而恶刑罚的。故商鞅云:"人君不可以不审好恶。好恶者,赏罚之本也。"(《商君书·错法》)韩非亦曰:"凡治天下,必因人情。人情者,有好恶,故赏罚可用,赏罚可用则禁令可立而治道具矣。"(《韩非子·八经》)

基于人情有必然的好恶故赏罚可用的观点,法家认为人君只要凭借他的势位与权威便可以为所欲为。法家绝不讲求君仁臣忠、父慈子孝、夫义妇顺的道德修养。因为韩非以为"君以计畜臣,臣以计事君"(《韩非子·饰邪》),君臣之交,都是计算利害的,根本无所谓君仁臣忠可言。父母之于子女,"产男则相贺,产女则杀之",只是"虑其后便,计之长利"(《韩非子·六反》)而已,根本无所谓父慈子孝可言。至于"万乘之主,千乘之君,后妃、夫人、适子为太子者,或有欲其君之蚤死者",因为"君不死则势不重,情非憎君也,利在君之死也"(《韩非子·备内》),故夫妇之间,亦根本无夫义妇顺可言。在法家看来,人人都是自私自利的,君主千万不要自我陶醉,以为人臣会自动地忠于你,而寄希望于臣下的道德修养。人际关系根本不能依靠道德修养。人主必须不恃人不叛我,恃我不可叛;不恃人不我欺,恃我不可欺。故曰:"有术之君,不随适然之善,而行必然之道。"(《韩非子·显学》)"恃天下者,天下去之;自恃者,得天下。"(《商君书·画策》)

法家认为人之好利恶害、怀生畏死是必然的,就如物理一样必然。圣人知必然之理、必为之时势,其控制人民,便可如以高下制水,以燥湿制火,因而也可以"为必治之政,战必勇之民,行必听之令"(《商君书·画策》)。法家就是这样把人完全物化的，以为可以完全靠权势来制定赏罚之法驱民耕战。韩非说："赏罚使天下必行之。令曰：中程者赏，弗中程者诛。令朝至暮变，暮至朝变，十日而海内毕矣。"（《韩非子·难一》）又云："彼之善者，我能以为卿相，彼不善者，我得以斩其首，何故而不治？"（《韩非子·内储说上》）商鞅也说："夫人情好爵禄而恶刑罚，人君设二者以御民之志，而立所欲焉。"（《商君书·错法》）

人君既然凭借权位便可以为所欲为，还要讲什么道德修养呢？因此韩非说："君通于不仁，臣通于不忠，则可以王矣。"（《韩非子·外储说右下》）人君言治，不紧握人情必然的好恶，而期盼偶然的修养，法家对之予以斥责。

儒、法都是要知道人民的好恶，但儒家是要民之所好好之，民之所恶恶之；法家在掌握了人民的好恶后，目的是制赏罚之法，逼他们好其所恶，恶其所好。老百姓原本是憎恶战争的，但在严刑峻法之下，法家却要他们改变为闻战而相贺，见战如饿狼之见肉。故曰："民之欲富贵也，共阖棺而后止，而富贵之门，必出于兵，是故民闻战而相贺也。"（《商君书·赏刑》）

为政使民好其所恶，恶其所好，《大学》称之为"拂人之性"。行拂人之性的政治，是否真是一种必然之治呢？人情是否只是怀生畏死、好利恶害呢？孟子说："所欲有甚于生者，所恶有甚于死者。"（《孟子·告子上》）荀子说："人之所欲，生甚矣，人之所恶，死甚矣，然而人有从生成死者，非不欲生而欲死也，不可以生而可以死也。"（《荀子·正名篇》）人有杀身成仁、舍生取义的高贵情操，法家对此是完全不懂的。老子云："民不畏死，奈何以死惧之？"（《老子》第七十四章）人既然有不畏强权、视死如归的气节，则法家一味以生死利害来威吓人，以赏罚之法来鞭策人，也不是可以为所欲为的。何况人在生有可恋的情况下才会贪生怕死，当严刑峻法压迫人至生不如死时，人便不再怀生畏死了。陈胜、吴广之揭竿而起，可为明证。

法家为了驱策人民全部从事耕战，对传统上诸般人生价值与文化价值加以无情地打击与摧残。世所谓仁、义、贤、智、忠、烈、廉、勇、愿、高、重、杰之士，以及长者、圣人、大人，皆因其轻爵禄而易去亡、悖主逆法而收下为名、离俗隐居而以非其上、卑主之名而以显其身、毁国之厚而以利其家、畏死远难而游居厚养、学道立方而语曲牟知、行剑攻杀而活贼匿奸、无利轻威而不避刑戮、简上不求见而好名义不进仕等都在清除之列。法家要求一切臣民都是敦悫纯信、守法听令、敬上畏罪、听吏从教、无私心二学的。只要他们能尽死力而从上，即使变得愚陋怯弱，亦没有什么不好。故曰："明主之国，无书简之文，以法为教；无先王之语，以吏为师；无私剑之捍，以斩首为勇。"（《韩非子·五蠹》）一切以政治挂帅，以人君之私利为衡量价值的标准。对于那些不臣天子、不友诸侯、掘井而饮、耕田而食、无上之名、无君之禄、不畏重诛、不利重赏的所谓隐遁之士、化外之民，韩非视之为不令、无益之臣，俱在诛杀之列，故曰："势不足以化则除之。"（《韩非子·外储说右上》）

法家赖以驱民耕战之法，原来是赏罚并用的，但由于守法之民多而犯法之民少，若"赏存乎慎法"（《韩非子·定法》），则赏不胜赏，因此后来的发展，是用刑愈来愈多而用赏愈来愈少。商鞅云："王者刑九赏一，强国刑七赏三，弱国刑五赏五。"（《商君书·去强》）又用刑必须重而必，不重不足以儆效尤，不必则人民心存侥幸。刑重而必，便能以刑去刑，否则必会以刑致刑。而在重刑之中，最为惨酷者是连坐之法。《商君书·垦令》云："重刑而连其罪。"《韩非子·制分》云："失奸者必诛连刑。"而连坐可以"刑及三族"（《韩非子·赏刑》）。儒家不但反对以族论罪，也反对罪轻刑重。《汉书》谓法家专任刑罚而欲以为治，《史记》谓法家刻薄寡恩，是一点也没有错的。

当国家在危亡之际，为了救亡图存，为了富国强兵，一时行权，用严刑峻法来治理，似乎也是可以接受的。但禁锢人民思想，摧抑人民节概，否定一切人生文化的价值理想，以为常道，便不可为训。何况，法家的富国强兵绝非为人民着想。其不但不要民富民强，反而要民贫民弱。因为"民辱则贵爵，弱则尊官，贫则重赏……民有私荣，则贱列卑官，富则轻赏"（《商君书·弱民》）。故法家虽想富国强兵，但却要贫民弱民，当人民弱至人主无可用之兵，贫至人主无可筹之饷时，却要用刑罚逼他们努力耕作，此之谓"贫者益之以刑，则富"。但人民富足终非人主的心意，因此又要用卖官鬻爵的办法去减损人民的财富，这叫作"富者损之以赏，则贫"。商鞅曰："治国之举，贵令贫者富，富者贫。"（《商君书·说民》）把人民玩弄于股掌之中。

此外，法家主张在达至人民贫弱、国富兵强以后，人主便要从事侵略战争。因为国富兵强而不从事战争，便是能抟力而不能杀力。所谓"抟力以壹务（专一农耕）"，"杀力以攻敌（从事战争）"。能抟力而不能杀力，国富兵强而无战争，人民必要求改善生活，人君的权威便会受到影响。所以说："战事兵用国强，战乱兵息而国削……国强而不战，毒输于内，礼乐虱官生，必削。国遂战，毒输于敌，国无礼乐虱官，必强。"（《商君书·去强》）可见法家这种富国强兵的思想，是彻头彻尾的军国主义、扩张主义。孟子对这种思想，曾一再加以挞伐。他一则曰："君不行仁政而富之，皆弃于孔子者也，况于为之强战……善战者服上刑，连诸侯者次之，辟草莱、任土地者次之。"（《孟子·离娄上》）再则曰："今之事君者曰：'我能为君辟土地，充府库。'今之所谓良臣，古之所谓民贼也。君不乡道，不志于仁，而求富之，是富桀也。'我能为君约与国，战必克。'今之所谓良臣，古之所谓民贼也。君不乡道，不志于仁，而求为之强战，是辅桀也。"（《孟子·告子下》）可见儒、法政治思想之歧异。

由上可知，法家的法是为了人主能外拒强敌，称霸天下。但人君如果只有驱民耕战、达至富强的法，而没有潜御群臣、防止奸人的术，则人君之富强，很可能被群臣所篡夺。法家认为："臣之所不弑其君者，党与不具也。"（《韩非子·扬权》）为了防止君权被篡夺，法家在用法之外，更要用术。法和术各有不同的作用。法虽由人主订立，但用法的对象是百姓，执法的主体是群臣，目的在于驱民耕战，故法莫如显，必须将赏罚之法布告天下，让百姓能知所遵从。用术的对象是群臣，用术的主体是人君，其目的是潜御群臣，故术不欲见，必须深藏不露、虚静无为。因为人君操生杀予夺大权，人臣都想投君之所好，以趋吉避凶。如果人君的情实被人臣知晓，人臣便会弄虚作假，以求取悦人君。这样，人君便会诛不应诛，赏不应赏，其极至于身死国亡，为天下笑。故韩非云："君无见其所欲，君见其所欲，臣自将雕琢。君无见其意，君见其意，臣将自表异"，"道在不可见，用在不可知。虚静无事，以暗见疵"，"不慎其事，不掩其情，贼乃将生"（《韩非子·主道》）。人君为了周密，必须专制独断。故一则曰："道无双，故曰一，是故明君贵独道之容。"（《韩非子·扬权》）再则曰："独视者谓明，独听者谓聪。能独断者，故可以为天下主。"（《韩非子·外储说右上》）宋君惑于司城子罕"庆赏赐与，民之所喜也，君自行之。杀戮诛罚，民之所恶也，臣请当之"之言，"出威令，诛大臣"，"于是大臣畏之，细民归之。处期年，子罕杀宋君而夺政"（《韩非子·外储说右下》）。这是不行独断之治之过。

法家为了维护绝对的君权，对阐扬天下为公，肯定禅让与革命的儒家大张挞伐，认为尧、舜、汤、武都是"反君臣之义，乱后世之教"的罪魁祸首。在法家看来，"忠臣不危其君，孝子不非其亲"（《韩非子·忠孝》）君父都有无上的权威。法家的三纲是权威主义的，臣事君、子事父、妻事夫是绝对无条件的，这和孔子君敬臣忠、父慈子孝、夫义妇顺的伦理思想显然不同。伦理本于仁心理性，是相对的而非绝对的权威，君不敬臣可以逃外国，父不慈子可以往他乡。故孟子说："君之视

究

臣如手足，则臣视君如腹心；君之视臣如犬马，则臣视君如国人；君之视臣如土芥，则臣视君如寇仇。"(《孟子·离娄下》)而《荀子·臣道篇》除肯定有所谓谏争辅拂之臣外，更肯定有所谓夺然后义、杀然后仁、上下易位然后贞的臣道。《荀子》《礼记》《孝经》中都有"从道不从君，从义不从父"的主张，可见儒家从君从父是有先决条件的，那就是要合乎道义。这和法家的忠孝观念是大异其趣的。

综上所述，法家并没有人生理想和文化理想可言，而其政治思想亦只是一种权力斗争的思想，其所凭借的不是理，而是势。为了富人主之国，强人主之兵，不惜"废学术，贱行修，塞智慧之门，断自由之径，反人道于披毛戴角，侮同类犹圈豕驱羊"(熊十力：《韩非子评论》)。由于法家所服事的是人主的私欲，根本不能光明正大地公之于世，因此不能用贤而专任势，不用宰相而任独断，把一己之私欲藏于不测之地，这和儒家之君道"利明不利幽，利宣不利周"(《荀子·正论篇》)、"持国者必不可以独也……在于取相"(《荀子·王霸篇》)是完全相反的。又儒家之君道，必须以身作则，凡有过失，必须深切反省，所谓"朕躬有罪，无以万方；万方有罪，罪在朕躬"(《论语·尧曰》)。而法家则荣乐在君，忧戚在臣，"有功则君有其贤，有过则臣任其罪"(《韩非子·主道》)，把人君和臣民的利害完全对立起来，除了人君利欲之私外，根本不肯定任何人生文化的价值理想。这是我们检讨儒、法的价值观后，必须有的认识。

图书在版编目（CIP）数据

荀学探微/唐端正著. —北京：中国人民大学出版社，2019.8
（中国哲学新思丛书/梁涛主编）
ISBN 978-7-300-27176-7

Ⅰ.①荀… Ⅱ.①唐… Ⅲ.①荀况（前 313—前 238)-哲学思想-研究 Ⅳ.①B222.65

中国版本图书馆 CIP 数据核字（2019）第 168437 号

中国哲学新思丛书
梁涛　主编
荀学探微
唐端正　著
XUNXUE TANWEI

出版发行	中国人民大学出版社		
社　　址	北京中关村大街 31 号	邮政编码	100080
电　　话	010-62511242（总编室）	010-62511770（质管部）	
	010-82501766（邮购部）	010-62514148（门市部）	
	010-62515195（发行公司）	010-62515275（盗版举报）	
网　　址	http://www.crup.com.cn		
经　　销	新华书店		
印　　刷	北京联兴盛业印刷股份有限公司		
规　　格	148 mm×210 mm　32 开本	版　次	2019 年 8 月第 1 版
印　　张	4 插页 2	印　次	2019 年 8 月第 1 次印刷
字　　数	79 000	定　价	29.80 元

版权所有　　侵权必究　　印装差错　　负责调换